改訂新版 税金を払わずに生きてゆく逃税術

元国税調査官
大村大次郎

悟空出版

プロローグ

本書は、「税金を払わずに生きていく方法」を紹介するというものである。
「税金を払わないで生きていくことなんて、できるわけがない」
と思っている方も多いだろう。しかし、やり方によっては、税金をほとんど払わなくて済む。もしくは、まったく払わなくて済むこともできるのだ。実際にそういうことをやっている人は、かなりいる。

たとえば、海外に住民票を移せば、日本の所得税、住民税、社会保険料は徴収されない。そして、海外に住民票を移したからといって、必ずしも海外に住まなければならない、というわけではない。一定の条件を満たせば、日本に住んでいても住民票は海外に移すことができるのだ。

また、サラリーマンが副業や不動産業を行うことで、本業の給料を安くするというスキームもある。所得税、住民税は、収入にかかってくる税金だが、その収入は、副業や不動産業などを合算して算出することになっている。あるテクニックを使えば、副業や不動産業をすることで、全体の収入を減らすことができ、その結果、サラリーマンとしての給料の税金も安くなるのだ。

本書では、世間にはなかなか流れない、そういう税金のコアな情報を紹介していきたいと思っている。

昨今では物価がどんどん上がっているにもかかわらず、収入はあまり変わらず、そのため経済的に苦しい状況にいる方も多いはずだ。いっぽうで、税負担、社会保険料の負担は増大し続け、江戸時代の「4公6民」とほぼ同じ割合の負担率となっている。

そういう意味においても、税金から逃れる技術は絶対に必要なのである。

断っておくが、本書は、脱税を推奨するものではない。「一般の方にはなかなかわかりにくい税の実態を知っていただきたい」というのが、最大の目的である。

本書の事例は、あくまで社会の実態として紹介したものであり、正規の節税方法として保証するものでもない。また、その中には、一部非合法のものも含まれている。そして、その手口は、国税当局は重々承知している。

だから、本書を脱税目的で使用することは不可能である。その点、あしからずご了承いただきたい。

改訂新版 税金を払わずに生きてゆく逃税術

もくじ

序章

税金を払うことが「大罪」である理由

少子化よりも公共事業を優先し消費税増税を続ける愚策政治

第一章

お金持ちはどんどん税から逃げている！

「非居住者」「タックスヘイブン」のうまくてズルい逃税術

第二章 個人と会社——それぞれの逃税術

白色申告&プライベートカンパニーで税金をとことん減らす

第三章

住宅を使って巧みに税金から逃げる方法

住宅ローン控除の活用とタワーマンション節税の大きな利点

第四章

サラリーマンだって逃税できる

おいしい副業節税とウィン・ウィンの会社内独立

第五章

逃税したい企業と酷税に苦しむサラリーマンへ

なぜ外資系、IT企業は会社も社員も税金が安いのか？

第六章

庶民のための「税金を払わない生活」

日々の暮らしのなかにある秘密の逃税テクニック

第七章
将来を考えれば税金を払っている場合ではない
年金を使いこなし相続税対策を講じるのは「普通の人」の義務

本書は二〇二一年九月刊行の
『改訂版　税金を払わずに生きてゆく逃税術』に
加筆・修正を行った改訂新版です。

序章

税金を払うことが「大罪」である理由

少子化よりも公共事業を優先し消費税増税を続ける愚策政治

少子高齢化は50年前からわかっていた

『税金を払わないで生きていく逃税術』

などというタイトルの本を出すと、必ずこういうことを言う輩が出てくる。

「税金を払うことは国民の義務じゃないか」

「その義務を果たさないとはなんと不謹慎な本なのだ！」

しかし、元税務官僚として日本の財務状況を内部から見てきた者として言わせてもらえば、「今の日本で税金を払うことは金をドブに捨てるのと同じ」である。いや、今の日本に税金を払えば、為政者たちは何の反省もせずに、ますます腐敗していくことになるだろう。それほど、日本の中枢は腐りきっている。

筆者はもう何年もこう主張してきた。

「日本で税金を払うことは、国民として大罪である」と。

筆者が繰り返しそう訴えてきたのはなぜか――それは、国民が酷税に苦しめられている前提に見逃してはならない失政が存在するからである。

日本の行く末を左右する最も深刻かつ重大な問題を国は長年ないがしろにし、無為無策のまま時間とお金を浪費してきた。そして、その埋め合わせのために新たな税制を導入し、国民の首を絞め続けている。元はと言えば、恐ろしい無駄遣いを行ってきた国の責任であるにもかかわらず、その穴埋めは国民に押し付けようというわけだ。

これからその内容を詳細に述べていく。キーワードは**「少子化」「消費税」**そして**「公共事業」**である。

ご存じのように、現在日本は深刻な少子化問題を抱えている。先進国のなかで出生率は最低のレベルであり、世界最悪のスピードで高齢化社会を迎えつつある。

この問題については、「日本人のライフスタイルが変わったから」と考えている人も多いようだ。確かに、ライフスタイルの変化によって晩婚化、非婚化が進んだという面もある。しかし、晩婚化、非婚化というのは、女子教育の進んだ先進国ではどこにでも見られるものだ。日本が先進国の中でもっとも少子化が進んでいる理由にはならない。

日本が先進国の中で少子化が進んだのは、「政治の無策」という面が大きい。ようするに、少子化、高齢化は人災だとさえ言えるのだ。

実は日本では半世紀近く前から、「このままでは少子高齢化になる」ということがわかっていた。わかっていながら、日本の政治は有効な対策を講じてこなかったのだ。

このまま少子高齢化が進めば、どれほど日本の企業が頑張ったところで、国の衰退は免れない。その事実は、いかなる楽観論者も否定できないはずだ。

日本人にとって共通の「心配の種」である大地震と比べるとわかりやすい。南海トラフ地震の場合は、もしかしたら、この数十年のうちには発生しないかもしれないし、もしかすると100年くらいはやって来ないかもしれない。いっぽう、少子高齢化は、南海トラフ地震のような不確定な要素はまったくな

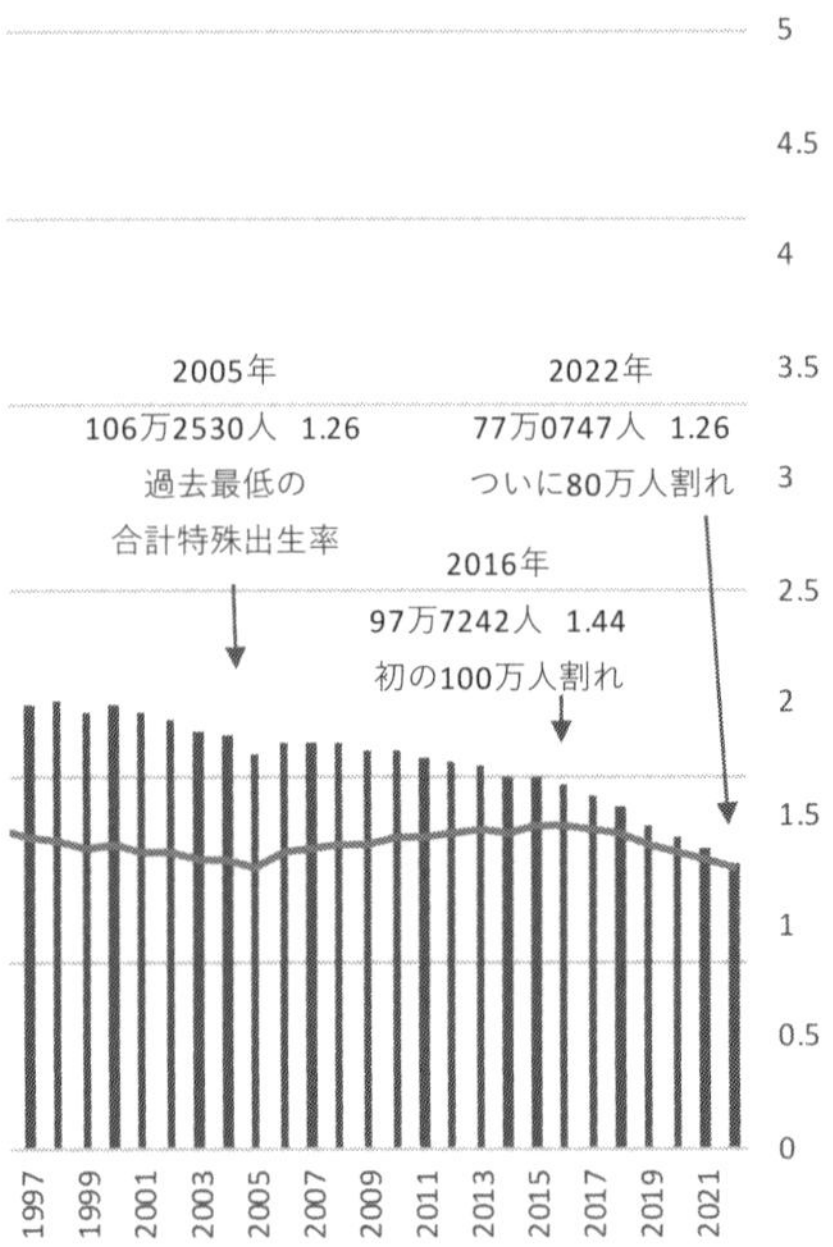

日本の出生数、合計特殊出生率の推移

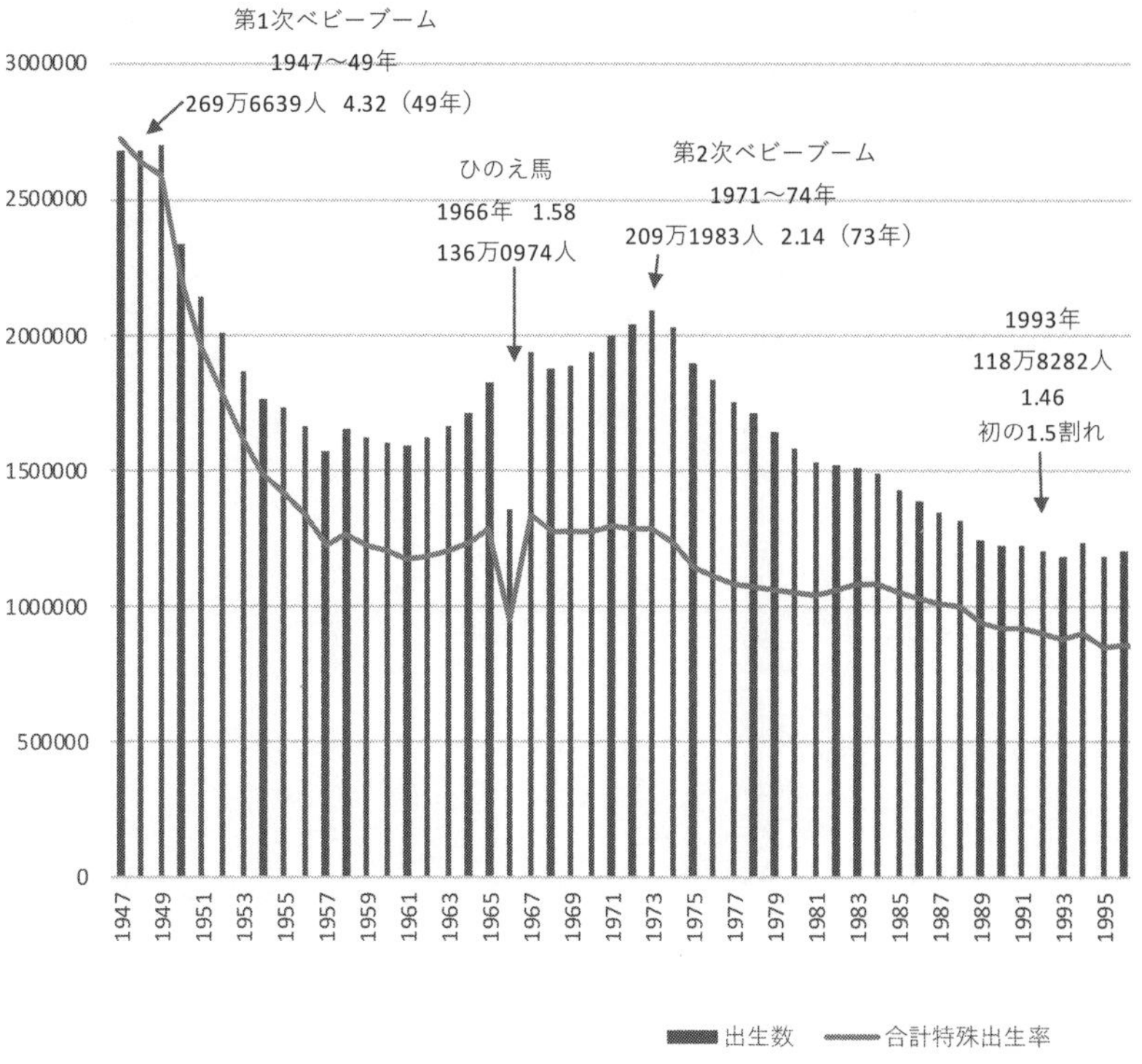

い。誰がなんと言おうが、避けられないからだ。そして、今、何も手を打たなければ、どんどん加速度的に進行していく。つまり、このままいけば、日本は衰退への下り坂を転げ落ちていくだけなのである。

　厚生労働省の発表では、２０２２年の出生数は80万人を割りこみ、79万９７２８人だった。出生数が80万人を下回

るのは、1899年の統計開始以来、初めてのことである。1970年代には200万人を超えていたこともあったので、この落ち込み方は凄まじいものがある（前ページのグラフ参照）。

2023年6月、この発表を受けて松野博一官房長官はこう述べた。

「少子化の進行は危機的な状況で、『静かなる有事』として認識すべきだ」そして、『次元の異なる少子化対策』を推進することで、若い世代が希望通り結婚し、希望する誰もが子供を持ち、安心して子育てができる社会の実現を図る」と続けた。

何を今さらである。50年も無策だった政治がこれからどんな策を掲げるというのか。焼け石に水にもならないことは容易に想像できる。

日本だけが少子化を放置してきた

しかし、この問題は日本だけのものではなく、欧米では、むしろ日本よりもかなり早くから少子高齢化の傾向が見られていた。日本の少子化というのは1970年代後半から始まったが、欧米ではそのときにはすでにかなり深刻な少子化となっていたのだ。

そして1975年くらいまでは、欧米の方が日本よりも出生率が低かった。つまり、半世紀前から少子高齢化というのは、先進国共通の悩みだったのだ。だが。その後の50年が日本と欧米ではまったく違う。

半世紀前、日本よりもはるかに深刻な少子化となっていたヨーロッパ諸国は、それ以後様々な子育て対策を行い、現在、出生率は持ち直しつつある。

しかし、日本はむしろ子育て世代に酷いダメージを与える政策ばかりを講じた。

たとえば、大学の授業料はこの50年の間に、12倍にも高騰している。また、1989年に導入され、たびたび税率が上げられてきた消費税は、子育て世代にとってもっとも辛く、過酷な税金である。収入における消費割合が一番大きいのが子育て世代だからだ。

ようするに、国がこの間に打ち出してきた政策のどれもが、子育てをしにくくさせるようなシロモノだったのである。

現在、日本政府は「少子化対策」に力を入れてようとしているが、まだ全然問題解決の糸口さえ見えないレベルである。

半世紀前は、父親一人が働いていれば、どこの家庭でも子供二人くらいは育てることができた。しかし、現在は、夫婦共働きであっても、子供一人を育てるので精いっぱいという家庭が多い。これでは人口が減少していくのは当たり前だ。国はこの問題を放置してきたかわりに、「弱者」たる子育て世代からも税金というかたちで合法的な搾取を行っているからである。

子供の貧困は先進国の中で最悪レベル

この半世紀の間、欧米諸国は子育て環境を整えることなどで、少子化の進行を食い止めてきた。

次ページのデータは、先進主要国の家族関係社会支出のGDP比である。家族関係社会支出とは、児童手当や就学前児童への給付、各種社会保障、社会福祉などへの支出のことだ。これを見ると、日本はヨーロッパ主要国に比べて、かなり低いことがわかる。ヨーロッパ主要国は、少子化を食い止めるために政府がそれなりにお金と労力をかけているのだ。そして、そのほとんどが1970年代の出生率のレベルを維持してきた。だから、現在では日本ほど深刻な少子高齢化にはなっていないのだ。

1975年の時点で、日本の合計特殊出生率（一人の女性が生涯のうちに産む子供の数の平均）はまだ2を少し上回っていた。フランスは日本より若干高いくらいだったが、イギリスもアメリカもドイツも日本より低く、すでに出生率が2を下回っていた。

しかし、フランス、イギリス、アメリカは、その後大きく出生率が下がることはなく、現在でも出生率は2近くになっている。人口の維持に必要とされる数値は、2・06～2・07だ。

いっぽう、日本は70年代から急激に出生率が下がり続け、現在は1・4を切っている（2021年は1・3）。もちろん、出生率が2に近いのと、1・4以下とでは、少子化のスピードがまったく異なる。

■先進主要国の家族関係社会支出（GDP比）

日本	1・29%
アメリカ	0・65%
ドイツ	2・28%
フランス	2・96%
スウェーデン	3・54%

イギリス　3・57％

※国立社会保障・人口問題研究所「社会費用統計」２０１６年版より

子供の数はどんどん減っている。それだけで危機的な状況であるにもかかわらず、さらに日本では、子供を取り巻く環境が酷いことになっている。子供たちの貧困率が先進国で最悪レベルとなっているのだ。

以下にあるのは、ＯＥＣＤ34カ国における子供（17歳以下）の相対的貧困率の主な順位である。相対的貧困率というのは、その国の世帯平均所得の半分以下しか収入を得ていない人たちの割合である。

その子供の相対的貧困率が、日本はＯＥＣＤ34カ国中ワースト10に入っているのだ。しかも、日本は現在、先進国の中で平均所得が低い方である。そのため、相対的貧困率の数値が高いということは「子供の絶対的な貧困者の割合」もそれだけ多いということになる。

■OECDにおける子供の相対的貧困率ワースト10（34カ国中）

※単位：%

1位	イスラエル	28.5
2位	トルコ	27.5
3位	メキシコ	24.5
4位	チリ	23.9
5位	アメリカ	21.2
6位	スペイン	20.5
7位	イタリア	17.8
8位	ギリシャ	17.7
9位	ポルトガル	16.2
10位	日本	15.7
19位	フランス	11.0
23位	イギリス	9.8
24位	韓国	9.4

（出典　2014　OECD　FAMILY　DATABASE　厚生労働省「平成26年子供若者白書・第3節子どもの貧困」より）
※日本の数値は２００９年のもの。以後3年おきに発表されており、２０２１年は11・５％に減少したが、国際基準から見れば依然として高いと言える。

消費税が少子化をさらに悪化させている

半世紀も前からこうなることはわかっていた「少子高齢化」――その勢いに拍車をかけたのが「消費税」である。

まず、改めて認識していただきたいのが、「消費税の負担がもっとも大きいのが子育て世代」ということだ。

消費税は、１９８９年に導入され、その後30年の間にたびたび増税されてきた。少子高齢化が進んでいくのと時期的にリンクしている。

この消費税というのは、収入における消費割合が高い人ほど、負担率は大きくなる。たとえば、収入の１００％を消費に充てている人は、収入に対する消費税の負担割合は10％ということになる。いっぽう、収入の20％しか消費していない人は、収入に対する消費税の負担割合は2％で済むことになる。

収入に対する消費割合が低い人というのは、高額所得者や投資家である。彼らは収入を全部消費せずに、貯蓄や投資に回す余裕があるからだ。こういう人たちは、収入に対する消費税負担割合は非常に低くなる。

では、逆に収入における消費割合が高い人というのは、どういう人か。もうおわかりのとおり、それは所得が低い人や子育て世代ということになるのだ。

人生のうちでもっとも消費が大きい時期というのは、大半の人が「子供を育てているとき」のはずだ。そういう人たちは、必然的に収入に対する消費割合は高くなる。つまり、子育て世代や所得の低い人たちが、収入に対する消費税の負担割合がもっとも高いということになるのだ。


生活に汲々としている人たち、そして子育てのために大きな負担を強いられている家庭に追い打ちをかける税――それが消費税なのである。

インボイス制度は零細事業者に対する大増税

消費税は最初3％だったが、8年後の1997年には5％、2014年に8％、そして2019年にはついに10％にまでアップされた。導入から30年で3倍以上に増税されたのである。

そして2023年、国は「消費税率と消費税額を正しく把握する」ことをお題目に、新たな税制を導入した。それが、「インボイス制度」である。

インボイス制度というのは、一般の人にはなかなかわかりにくいと思われる。これは、ざっくり言えば、中小事業者に大きな打撃を与える制度なのである。

日本経済を支えてきたのは、中小事業者であり、ここに打撃を与えるというのは、日本経済の屋台骨を攻撃するようなもの。ようするに、浅く広く、国の底辺から税金を徴収しようという国の「基本的な狙い」が反映されている制度なのである。

それでは、インボイス制度がどういうものなのか、簡単に説明したい。

消費税という税金は、そもそも中小企業に痛手となるものだった。それは国の側も認識していた。だから消費税導入時には、売上が３０００万円以下の事業者は、消費税の納税が免除されていた。

消費税導入時の政府は、この３０００万円以下の免税制度があるために、「消費税は大型間接税ではない」と説明していたのだ。日本の事業者の大半は、売上が３０００万円以下だったからだ。

しかし、この免税制度は、２００４年に大幅に縮小され、免税となるのは「売上１０００万円以下の事業者」と改められた。普通に事業をしていれば、零細事業者でも売上は１０００万円以上になることが多いので、ほとんどの事業者に消費税の納税義務が課せられるようになったわけである。

そして、今度は「売上１０００万円以下免税」の制度も骨抜きにされてしまった。それを規定するのが「インボイス制度」だ。ほとんどの零細事業者は、事実上、消費税の納付義務が生じることになった。

たとえば、ウーバーイーツの配達員なども消費税を納税しなければならない可能性がある。もらった報酬には消費税が加算されているのが原則だが、これまでは、売上

1000万円以下の零細事業者は納付が免除されていたので、彼らのほとんどは消費税の納税義務が免除されていた。ところが、これからはその消費税分を税務署に納付しなくてはならないのだ。

インボイス制度が始まれば、配達員にも消費税の納税義務が生じるし、もし配達員が納税しなければ、その分を雇い主であるウーバーイーツ社が負担しなければならなくなる。

ウーバーイーツ社側は、現在のところ「配達員が消費税の免除者であってもこれまで通りの発注を行い、これまで通りの報酬を支払う」と発表している。しかし、インボイス制度の施行以降は、ウーバーイーツ側が配達員の消費税納税分を間違いなく負担しなくてはならなくなるので、なんらかの方法でそれを回収する動きが生じることは否定できない。

たとえば、物価が上がっても配達員の報酬はなかなか上がらない、もっと言えば、報酬を減額することもあるかもしれない。

とにかく、とにかく、インボイス制度は、零細事業者に大打撃を与えることは間違いない。このように、日本経済を土台から支えている人々から「お金」をより多く取り上げようとする制度は、この国の根本を蝕んでいくことになるだろう。

公共事業で金をドブに捨ててきた日本

日本人はこの半世紀、決して安くはない税金を払ってきた。それなのに、これまで少子高齢化のためにお金が使われていないどころか、政府は巨額の借金さえしている。日本政府はいったい何に膨大な予算を費やしてきたのか？

答えは、「公共事業」である。

日本は90年代から2000年代にかけて、630兆円という天文学的なお金を公共事業に投じてきた。現在、国は1000兆円以上の借金を抱えているが、その大半は疑うべくもなくこのときの公共事業が原因なのである。

国は「社会保障費の増大で赤字国債が増えた」などと弁明しているが、数理的に、どこからどう見てもその言い分には無理がある。当時の社会保障費は、わずか11兆円ちょっとである。公共事業費は年間60兆円以上だった。誰が見ても、どちらが借金の原因かは一目瞭然だろう。

６３０兆円という額は、明らかに異常である。

それは日本の年間ＧＤＰをはるかに超える額であり、当時の国家予算の10年分、社会保障費の50年分以上に当たる。それを丸々公共事業につぎ込んだのだ。このような巨額の公共事業を行った国は、ほかに例を見ない。

そして、今頃になって「社会保障の財源が足りないから増税する」などと言い出しているのだ。まったく、厚顔無恥もはなはだしい。

巨額の予算を費やしたがインフラはボロボロ

日本は90年代から２０００年代にかけて、巨額の公共事業を数多く行った。それが国民のためになり、役に立つのならまだしも、無駄で役に立たないものばかりだった。

それを証拠に、日本の公共インフラは先進国とは言えないほどボロボロなのである。

「日本は世界の中でもっとも社会インフラが整っている国のひとつ」

日本人の多くは、自国のインフラについてこう信じているのではないだろうか？　しかし、残念ながらそうではない。左のデータは、ＷＨＯが発表した２０１１年から

２０１５年までの人口10万人当たりの自然災害の死者数のランキングである。なんと、日本は世界のワースト2位ということになっている。

ソロモン、ミクロネシアなどの小島国家やカンボジア、南スーダンなど、インフラ整備が明らかに遅れている国などよりも、日本は自然災害の死亡率が高いのだ。

このＷＨＯの報告には、２０１１年の東日本大震災の死者が含まれている。

「日本は地震が多いから自然災害の犠牲者が多いんだ」と思い込み、自分を納得させている日本人も多いだろう。

■人口10万人あたりの自然災害の死者数ランキング（２０１１年～２０１５年）

1位	ネパール	7.2
2位	日本	3.4
3位	フィリピン	2.5
4位	サモア	2.4
5位	セントビンセント・グレナディーン	2.2
6位	ソロモン諸島	2.0
7位	ミクロネシア	1.3

同率8位　ナミビア　0・9
同率8位　ニュージーランド　0・9
同率8位　バヌアツ　0・9
※WHO（世界保健機構）統計2016より

しかし、日本の災害犠牲者は地震によるものだけではない。

たとえば2018年の災害死者数ランキングでは、日本は444人でインドネシア、インド、グアテマラに次いで4位となっている。日本はこの20年ほどは東日本大震災の犠牲者を除いても年平均で150人以上の犠牲者を出している。人口比の犠牲者数は常に世界のワースト10に入っているのである。

世界の中には、インフラが整っていなかったり、環境の悪いスラム街に人口が密集していたり、日本よりももっと自然が過酷だったりする国は多々ある。いくら日本では自然災害が多く発生すると言っても、そういう国々より犠牲者が多いというのは、やはり「おかしい」と思わざるをえないはずだ。

大きな地震には、そう簡単に対処することはできない。日本の場合、どこで地震が起きてもおかしくないし、地震がいつ起きるかは、今の科学ではまだ予測ができていないからだ。だから地震の被害が大きい部分については、ある程度仕方がない部分がある（ただし、インフラ整備によって救われることも数多くあると考えられる）。

しかし、台風や大雨の被害は、努力によってかなりの部分が防げるはずだ。それなのに、日本では適切な対処がされているとはとても言い難い。毎年のように、やって来るとわかっているのに、台風や大雨で大きな被害を出しているではないか。

日本は世界でもまれに見るほどの、とてつもない額の公共事業を長年行ってきたにもかかわらず、肝心かなめとも言える防災面のインフラが途上国並みか、場所によってはそれ以下なのだ。こんな税金の無駄遣いをしてきた国が他にあるだろうか。

首都圏の道路さえまともに整備できていない

公共事業による「無駄遣い大国・日本」が主に手掛けてきたのが道路整備事業だった。80～90年代の狂乱時代にも、その中心となり、莫大な予算が道路整備に費やされていたと言っていいだろう。

また、現在でも道路事業費は、日本の公共事業費の中で最大のシェアを占めている。国税庁のサイト「国の財政・公共事業関係費」では、1兆6660億円が道路に使われている。しかもこれは高速道路の整備費を除いた額である。

では、日本の道路は本当にきちんと整備されているのか？

残念ながら答えは「ノー」である。

次の表を見ていただきたい。これは首都圏の環状道路の整備状況（2010年）である。驚くことに、東京は50％以下なのだ。先進国ではあり得ない数値である。中国や韓国にさえこの分野で大きく遅れをとってきたのだ。

この謎については後述する。

■先進各国の主要都市における環状道路の整備率

東京	47％
北京	100％
ソウル	100％
パリ	85％

ワシントンDC　100％
ロンドン　100％
ベルリン　97％
国土交通省サイト「諸外国の環状道路の整備状況」より

地方の下水道普及率は途上国以下という惨状

日本の社会インフラが遅れている分野は、まだまだたくさんある。

たとえば、下水道である。現代人にとって、生活排水は下水道によって処理されることになっている。それは日本だけではなく、世界中でそういう傾向なのだ。

ところが、日本の地方では下水が通じていないところがけっこうあるのだ。

令和3年度末（2022年）の時点で、日本全体の下水道の普及率は70％台の後半である。ヨーロッパの普及率とほぼ同じ程度だ。だから、この数字だけを見ると、日本の下水道普及に問題があるようには思えない。しかし、日本の下水道普及率にはカラクリがあるのだ。

日本の人口分布は、その4分の1が首都圏に住むという一極集中型である。東京やその近隣の県には下水道が整備されているため、地方から首都圏に人口が流入すれば、何もしなくても、必然的に下水道の普及率（人口比）は上がるのである。

しかし、日本の場合、地方では下水道の普及率が、先進国の割に非常に低いのだ。50%を切っているところも珍しくない。下水道がない地域では、各家庭が浄化水槽を準備しなくてはならないなど、余分な負担が大きい。

たとえば、島根県は51・3%である。島根県は、90年代の公共事業大濫発時代に、竹下元首相などのおひざ元として、全国でも有数の公共事業受注地域だったが、このとき下水道の普及工事はほとんど行っていないのである。

また、下水道の普及率で、特にひどいのが四国である。4県のうち3県が50%を切っている。坂本龍馬の出身地として有名な高知県は、41・2%。徳島県に至ってはたったの18・7%である。なんと県民のほとんどは、下水道のない生活を送っているのだ。

この数値は、実やアフリカ並みである。広大な砂漠、ジャングルを持つアフリカ大陸と徳島県は、下水道の普及率に関する限り、ほぼ同じなのである。

他にも、鹿児島、香川などが50%を切っている。

このような地方のインフラ整備の遅れが、一極集中を招いた一因とも言える。もちろん、下水道だけではなく、様々なインフラを含めての話である。地方で暮らしてきた人たちが、インフラの整っていない地元を捨て、都会に出てくるのだ。

その結果、地方はどんどんさびれていくのである。

日本は、80～90年代に狂乱の大公共事業を行った。しかし、年間で社会保障費の6倍もの予算を使っておきながら、つくられたのは道路や箱モノばかり。下水道の普及はそれほど進まなかったのだ。この大公共事業時代に、ちゃんと予算を下水道に振り分けていれば、今頃、日本では国の隅々まで下水道が普及していたはずだ。

■世界の下水普及率（下水接続割合）

北アメリカ	約82%
南アメリカ	約57%
ヨーロッパ	約76%
東南アジア	約48%

アフリカ　約17％
日本　約80％
※国土交通省サイト「下水道分野の国際展開に関する現状分析と課題」より筆者が作成

■下水道の普及率が低い県

徳島県　18・7％
和歌山県　28・9％
高知県　41・2％
鹿児島県　43・2％
香川県　46・3％
島根県　51・3％
大分県　53・3％
※公益社団法人日本下水道普及会サイト「都道府県別の下水処理人口普及率（2022年）」より

四国と本州には3本も架橋されているのに！

日本は先進国でもっとも公共事業が多く、しかも90年代には現在の倍以上の予算を費やしていた。その中でも最大のシェアを占めていたのが道路整備事業であることは、すでに述べた。国がとてつもない額の公共事業費を投じたのは、実は道路だけではない。

80～90年代、私たちは使い道のわからない建造物を数多く目にしてきたはずだ。

そう、まともな社会インフラを整えもせずに、公共事業費が何に使われたかというと、それは「無駄な道路」に加え「無駄な箱モノ」だったのである。

地方に行くと、人影もまばらな駅の周辺が非常に立派に整備されているのを目にしたり、車がめったに通らない場所にすごく立派な道路があったり、さびれた街並みに突然、巨大で立派な建物が現れたりすることがある。

そういう地域には有力な国会議員がおり、その議員に群がる利権関係者がいるのだ。

政治家は、自分を支持する建設土木業者のために公共事業をもって来ようとする。必然的にその業者が得意な公共事業ばかりが予算化されるのだ。道路工事が得意な事業者には道路工事を、箱モノ建設が得意な事業者には箱モノ建設を発注するという具合である。

となると、その地域には、非常に偏った公共事業ばかりが行われることになる。道路工事ばかり行っている地域、箱モノ建設ばかりを行っている地域というふうに。

湯水のように公共事業費に予算を費やしていた時代、その中心には道路工事があった。しかし、その実態は「無駄」があふれていたのだ。必要な場所に届かず、ただ事業者の都合に合わせて消費する——いったい何をやっていたのか。

そこには、「国全体を見渡してインフラの不備な部分を整備しよう」などという発想はまったくない。だから、日本中で莫大な公共事業費を使っていながら、日本のインフラはボロボロなのである。

わかりやすい例をひとつ挙げよう。

80年代後半から2000年代にかけての公共事業で、目玉的に進められていたのが、四国と本州の架橋だった。

この間、四国と本州の間には、なんと3本の橋がかけられたのだ。もちろん、莫大な費用が生じた。

その一方で、四国では基本的なインフラ整備が遅れており、前述したように下水道普及率が世界的に見ても非常に低い状態となっている。

巨費を投じ、橋を3本もかける一方で、足元の下水道処理はまったくなおざりになっているのだ。いかに日本の公共事業には意味がなかったか、ということだ。

少子高齢化にお金を使わず、国土の災害対策にも予算を割かず、無駄、無意味な公共事業には湯水のように税金を垂れ流す――こんな国に大人しく税金を納めることは、本当に金をドブに捨てるようなものだ。というより、国に言われるがまま税金を納めることは、「大罪」とも言えるのだ。

第一章

お金持ちはどんどん税から逃げている！

「非居住者」「タックスヘイブン」のうまくてズルい逃税術

住民票を海外に移して税金から逃れる

金持ちは実にあの手この手を用いている。

税金を払わないためのもっとも確実な方法は、「海外に住む」ということである。日本人が海外に住んだ場合、所得税と住民税が大幅に安くなる。というより、ほとんど払わなくていい場合が多い。

住所地が海外にある人は、日本で生じた所得にしか所得税は課せられない。もちろん、海外に住民票を移した場合、居住している国の税法に従わなければならないので、その地で所得税を払うケースもある。

しかし、海外の所得税のほうが安ければ、その差額分だけ税金が安くなる。日本以外の国は、だいたい日本よりも所得税は安い。また海外で所得税がかかるケースというのは、海外で収入があったときくらいなので、海外で稼ぐつもりがない人（定年退職者や日本からの収入をあてにしている人）はほとんど払わなくていいのだ。

たとえば、シンガポールと香港を例にとってみたい。

シンガポールでは、キャピタルゲインには課税されていない。キャピタルゲインとは投資による収入のことである。

つまり、株式や不動産投資でいくら儲けても、税金は一切かからないのだ。そのうえ、所得税は最高でも20%、法人税は18%と、日本に比べれば非常に低い。

だから、ヘッジファンドのマネージャーなどがシンガポールに住んでいるケースが非常に多い。シンガポールは国策として海外の富豪や投資家などを誘致しようとしている。彼らがたくさん稼いで、多額の金を落としてくれれば国としては潤うからである。したがって、彼らにはさらにさまざまな便宜を図っている。

シンガポールには贈与税や相続税も存在しない。シンガポールでお金を稼いで、その金をシンガポール在住の子供に贈与すれば、税金はまったくかからないことになる。だからシンガポールには世界中から富豪が集まってきているのだ。

また、シンガポールに対抗して、香港もほぼ同様の制度を敷いている。同じように香港へ移り住む金持ちが増えているのはそのせいだ。

企業からの配当などで大きな利益を得ている人は、このような「タックスヘイブン」

と呼ばれる地域に住むケースがとても増えている。シンガポールや香港などのタックスヘイブンに限らず、日本人は海外移住さえすれば、ほとんどの地域で所得税を少なくすることができる（一部の高福祉国家を別にして）。

住民税にしても削減の対象となる。住民税とは、日本に住んでいる人に課せられる税金なのだから、海外居住者が払わなくてよいのは当然のこと。長期の海外旅行や海外移住のために住民票を国外へ移してしまえばそれで支払いの義務はなくなる。

移住先の国で課せられるケースは？　もちろんあるだろう。しかし、永住したり、居住地で就労したりすれば、の話だ。そうでなければ課せられない場合が多い。

日本から収入があっても税金は安くつく

海外居住者であっても、日本から収入がある場合には日本の所得税がかかるようになっている。では、海外に住んでいる日本人（海外に住民票がある人）にはどのように所得税が課せられるのだろうか。

■日本から収入がある人↓日本からの収入にのみ所得税がかかる
■日本からの収入がない人↓日本の所得税はかからない

ということになってはいるが、日本からの収入にかかる所得税は、「源泉徴収税」だけでよい。海外居住者は、給料や報酬などで源泉徴収された分だけを支払えば、それでOKなのである。

普通、日本国内に住んでいる日本人であれば、全所得を計算し、そのうえで所得税が課せられる。源泉徴収されていたとしても、それだけで納税が完了するわけではない。源泉徴収された分も含め、年末にすべての所得を計算しなおして、所得の総額に対して所得税が課せられるのである。

しかし、海外居住者の場合は、源泉徴収された分だけで納税は完了しており、それ以上の税金は払わなくていいのである。

たとえば、売れっ子作家などはこの仕組みによって大幅に税金が安くなる。著書の印税の源泉税というのは、原則として20％である。だから、作家は印税を受け取る際に、20％の税金が引かれている。しかし作家は、どんなに儲かっていても、もうこれ以上の税金は払わなくていいのである。数千万円、数億円の収入があっても、20％の源泉徴収だけでいいのだ。

日本国内に居住している作家であれば、所得税は累進課税になっているので、数億円の収入がある人は、通常40％以上の所得税が課せられる。しかし、海外居住の作家は20％だけでいいのだ。

ガッツリ移住しなくても「非居住者」になれる

このように、海外に居住すればかなり税金が安くなる（ゼロになることも？）わけだが、海外に引っ越すとなると「ハードルが高い」と思う人も多いはずだ。

しかし、日本の税金がかからない「非居住者」になるためには、べつにガッツリ海外に居住していなくてもいいのである。

「海外と日本を行き来している人」でも、非居住者になれる場合があるのだ。

日本国内に住所地がない「非居住者」になるには、1年間のうちだいたい半分以上、海外で生活していなければならない——ということになってはいるが、実は厳密な区分はない。半年以上生活していても、実質的な住所が日本にあるような場合は、「海外居住」とは認められないこともあるし、逆に半年以上日本に生活していても、「海外居住」が認められるケースもある。

国税庁のサイトでは、日本での「非居住」となる条件を次のように述べている。

居住者・非居住者の判定（複数の滞在地がある人の場合）

1　国内法による取扱い

我が国の所得税法では、「居住者」とは、国内に「住所」を有し、又は、現在まで引き続き1年以上「居所」を有する個人をいい、「居住者」以外の個人を「非居住者」と規定しています。

「住所」は、「個人の生活の本拠」をいい、「生活の本拠」かどうかは「客観的事実によって判定する」ことになります。

したがって、「住所」は、その人の生活の中心がどこかで判定されます。

ある人の滞在地が2か国以上にわたる場合に、その住所がどこにあるかを判定するためには、職務内容や契約等を基に「住所の推定」を行うことになります。「居所」は、「その人の生活の本拠ではないが、その人が現実に居住している場所」とされています。

法人については、本店所在地がどこにあるかにより、内国法人又は外国法人の判定が行われます（これを一般に「本店所在地主義」といいます。）。

2　租税条約による取扱い

租税条約では、わが国と異なる規定を置いている国との二重課税を防止するため、個人、法人を含めた居住者の判定方法を定めています。

具体的には、それぞれの租税条約によらなければなりませんが、一般的には、次の順序で居住者かどうかを判定します。

個人については、「恒久的住居」、「利害関係の中心的場所」、「常用の住居」そして「国籍」の順に考えて、どちらの国の「居住者」となるかを決めます。

これをわかりやすく言うと、「国内に住所があるか、または現在まで1年以上日本に住んでいる人」が居住者となり、それ以外の人は居住者ではないということになる。そして、複数の国に居住しているなど、居住者かどうか微妙な場合は、生活の中心がどこにあるかで判断する。

いっぽう、複数の国で暮らしている人は、どこの国の居住者となるか、当事国の間でもめるケースもある。それぞれの国はみな、なるべく自国の居住者にしたいと考える。自国に住んでもらったほうがいろいろとお金を落としてもらえるので、経済的メリットがあるからだ。

したがって、国同士でもめた場合は、次の番号順に条件をチェックして判断することになっている。

1 将来的にどこに住むつもりなのか
2 経済活動の中心はどこにあるのか
3 固定した住居はどこにあるのか
4 国籍

ただし、これにも明確な判断ラインがあるわけではなく、最終的には国同士の話し合いで決着することになる。必然的に、強い国の主張が通る。

だから、日本が東南アジア諸国ともめた場合は日本の主張が通ることが多いし、米英などとひと悶着あれば、彼らの言い分が通ることが多いのだ。


たとえば2007年、小説『ハリーポッター』シリーズの翻訳者が居住地をスイスにして、日本で確定申告をしていなかったことがある。しかし、この人物は「実際は日本に住んでいる」とされ、国税当局から約7億円の追徴課税をされた。

先ほど述べたように、日本で本を発売している翻訳者や作家などが海外に居住している場合、印税は源泉徴収されるものの、税金はその源泉徴収分だけでよく、日本で確定申告する必要はない。同翻訳者の場合、実際にときおり住んでいて、日本よりも所得税が安いスイスを住所地にしていたのだが、日本の税務当局は「生活の実態は日本にある」として、日本での税務申告を求めたのだ。

また、小泉純一郎内閣時代に総務大臣を務めた竹中平蔵氏も、かつてアメリカで研究をしていた時期があり、そのときにアメリカに住所地を移していた。しかし当時、彼は日本の大学で教鞭をとっており、日本で仕事をしていた。竹中氏は住民票をアメリカに移しているので、当然、日本で住民税は払っていなかった。大臣になったとき、国会で「アメリカにはときどき滞在していただけではないか」「実質的には日本に住んでいたのではないか」と追及された。しかもアメリカでも申告していなかったのではないか、ということも追及された。

竹中氏は国会で、「住民税は日本では払っていないが、アメリカで払った」と主張した。それを聞いた野党は、「ならばアメリカでの納税証明書を出せ」と追及した。でも竹中氏は、最後まで納税証明書を国会に提出しなかった。

この疑惑は、最終的にうやむやになってしまった。竹中氏が、もしアメリカ以外の国、スイスなどで同様のことをしていれば、大臣を罷免されていたかもしれない。

このように、「非居住者」と認められるかどうかは、移住先の国と日本との関係にも左右されるのである。

海外移住は相続税対策にもなる

「海外移住」は相続税対策にもなる。

現在の日本の税法では、年間110万円以上の金品を贈与した場合は、贈与税がかかってくる。これは家族間、親族間でも同様である。

しかも、左の表にあるように、税率はかなり高い。3000万円を超える贈与をした場合は、55％の税金が課せられるのである。

贈与税は、相続税の脱法を防ぐためにつくられたものである。金持ちは「相続税を避けるために」生前に資産を家族に贈与したがるものである。それを防ぐために、贈与しても税金が課せられるようになっているのだ。

ところが、である。贈与税は原則として日本人ならば誰にでも課せられるのだが、海外居住者には特別な抜け穴があるのだ。

現行の法律では「海外に10年以上居住し、日本国内に10年以上住所がない人」同士の間で「海外資産」の贈与が行われた場合は「贈与税がかからない」ことになっている。

だから、**海外に隠居している上場企業の創業者などが、自分の持ち株を海外のタックスヘイブンの会社に移し、その会社の株を10年以上海外に居住している子供などに贈与すれば、税金はかからないことになる。**

実際、この方法を採っている金持ちは、けっこういると思われる。

海外に移住するといっても、昨今では、交通や通信の便もよくなっているし、ちょっと留学という感じで、10年ほど海外に行ってみるというのは、まったく無理なことでは

贈与税の税率

基礎控除後の課税価格	税率	控除額
200万円以下	10%	——
300万円以下	15%	10万円
400万円以下	20%	25万円
600万円以下	30%	65万円
1,000万円以下	40%	125万円
1,500万円以下	45%	175万円
3,000万円以下	50%	250万円
3,000万円超	55%	400万円

ない。

　または海外支社に10年間勤務させたりもできる。その間、日本にしょっちゅう帰ってきてもいいわけだ。

　これは当然、相続税からの〃逃税〃になる。莫大な資産を無税で、親族に贈与することができるからだ。


　以前は、この海外居住者の抜け穴はもっと大きかった。海外在住の日本人が、海外資産を贈与されれば贈与税はかからなかったのだ。現在では「10年以上海外在住」という条件が設けられているが、以前はそのような縛りもなく、ただ海外在住であればよかった。そのため某消費者金融会社の一族が、この抜け道を利用して、巨額の相続税逃れをしたことがあった。外国の資産（オランダの会社の株）を外国に住んでいる人（香港在住の息子）に譲渡し、贈与税を免れたのだ。

　実はこのとき国税当局は、この抜け穴をふさごうとしていた。平成15年（２００３年）の税制改正で「外国に住んでいる者に、外国の資産を贈与しても日本国籍を有するならば贈与税がかかる」ようにしたのだ。

しかし同一族は、この税制改正の直前に駆け込み的に贈与を行った。創業者から長男へ贈与された株式の時価は推定2600億円以上だった。

2600億円を普通に贈与していたならば、贈与税として1300億円以上を払わなければならない。それを無税で乗り切ったのだ。

国税当局は、この件について、

「長男は香港に住民票を移しているが、実際は日本で生活しており、香港に住民票を移したのは課税逃れのために過ぎない、実際は日本に住んでいたのだから日本の贈与税がかかる」

として、追徴課税を課した。

しかし、同一族はその処分を不服として裁判を起こした。そして、この裁判で国税は負けてしまった。徴収していた税金を一族側に返還しただけではなく、税金を仮徴収していた期間の利子約400億円までを払うことになったのだ。

これは「史上最大の節税」として有名な事件である。

「普通の人」の海外移住も増えている

とはいっても、普通の人にはなかなか海外移住などはできるものではない。が、定年退職した人などは、少し頑張れば「海外移住もどき」はできるはずだ。

海外で暮らすということは、経済上の魅力もある。

実は、日本は世界でもっとも物価が高い国なのである。

長い間、日本は「デフレ＝物価が上がらない」と言われているが、世界的にみると、決してモノが安い国ではないのだ。

世界物価ランキングでは、常に上位を占めている。戦乱や革命で国内が極度に物資不足に陥っている国と肩を並べるほど、物価が高い国なのである。

だから、日本人は日本以外の国に住めば、だいたいどこに行っても物価が安いと感じることになる。ヨーロッパの高福祉国などは間接税が高いので、日本人でも物価が高く感じるが、それ以外の国はだいたい安く感じるはずだ。

つまり同じお金でも豊かな生活ができるのだ。

特にタイやインドネシアなどの東南アジアでは、日本から比べれば驚くほど物価が安い。食事でも現地の人と同じものを食べるのなら、一食数十円くらいで済んでしまう。スーパーやデパートのレストランで食べても、５００円も出せばかなりいいものが食べられる。日本食のレストランでさえ、日本よりも安いことがほとんどである。住む場所も、月５万円も出せば普通に清潔なサービスアパートを借りることができる。

だから月20万円もあれば、夫婦でも相当に豊かな生活をすることができる。月30万円も出せば、大きな屋敷でメイドさんを雇うような生活も可能なはずだ。

また、東南アジアのほとんどの国では、一部の政情不安定国を除けばだいたい先進国とあまり変わりのない生活をしている。タイなども、街中のあちこちにごく普通にコンビニがあるし、きれいな病院や巨大商業施設もいたるところにある。

つまり、日本にいるときとあまり変わらないような文化的な生活が、格安で送れるのだ。

しかも、東南アジア諸国では、定年退職者を受け入れるために、特別のビザを用意している国も多くある。一定の年金収入があったり、一定の財産を所有していたりする人を積極的に受け入れているのだ。定年退職者のための様々なサービスを設けていたりもする。定年退職者の日本人を誘致するために、日本人居住地域をつくったりもしている。たとえばタイでは、避暑地のチェンマイなどに、日本人の定年退職者向けの移住地域がある。

日本の退職者は、金銭面では安定収入があるので、どこの国も誘致をしたがっている。日本では、月20万円の収入しかないというと、かなり心細いが、東南アジアでは大金持ちの部類に入る。そういう大金持ちが来てくれることは、大歓迎なのだ。

逃税するなら退職1年目に海外移住を！

定年後に海外移住を考えている人に、心得ておいていただきたいことがある。

それは、退職1年目に海外移住するのがもっとも節税効果が高いということだ。住民税の仕組みから、そうなっているのだ。

海外移住をすると安くなる税金（払わなくていい税金）が住民税である。そして住民税は、通常、前年の所得にかかってくるものである。退職金に関する住民税は退職金をもらうときに完結しているが、通常の給料に対する住民税は、退職後にもかかってくる。だから、退職して無職になった場合、その翌年は収入がないのに高い住民税を払わなければならないケースが多いのだ。

3月末くらいで定年になった人ならば、それほど年収は高くなっていないので、翌年の住民税はたいしたことはないだろう。

しかし12月末で退職した人などは、1年分まるまる給料をもらっているので、年収としてはかなり大きな額になっている。住民税は、この年収の10%となる。退職翌年が無職で無収入になっている場合、この住民税はかなり負担が大きいはずだ。

住民税は1月1日に住民票がある自治体からかかってくるものなので、その日に海外に住民票を移していれば課税されない。

したがって、退職後に長期の海外旅行もしくは海外移住を考えている人は、ぜひ退職翌年の1月1日以前に住民票を国外に移すことを考慮しておきたい。

また、退職金からは住民税が自動的に源泉徴収されてしまうが、これをさせない方法もある。どうすればいいかというと、退職金をもらう年の1月1日以前に海外に住民票を移せばいいのだ。

退職金を受け取った年の1月1日に住民票が国内になければ、住民税は徴収されないのだ。そして、その年の半分以上を海外で過ごしていれば脱税にはあたらない。有給休暇がたまっていて、退職をする前に長期休暇をとれる人も多いはずだ。その長期休暇を使って海外旅行に行きたいと思っている人もいるだろう。そういう人は、退職する年の1月1日までに住民票を海外に移すことを検討されたい。

タックスヘイブンとは何か？

海外移住をせずとも、海外を使って税金を逃れることはできる。

それは、「タックスヘイブン」を使うことである。

2016年にはパナマから「パナマ文書」が流出し、17年には国際調査報道ジャーナリスト連合（ICIJ）によって「パラダイス文書」が公表された。

いずれもタックスヘイブン関係の法律事務所などの顧客情報、取引情報が記載されたものである。この中には、各国の要人や世界的なスポーツ選手、有名人などの名が多数記載されているということで、物議をかもした。

その後も「バハマ文書」（２０１６年）や「パラダイス文書」（２０２１年）などがやはりＩＣＩＪを通じて世界の目にさらされることになった。

タックスヘイブンとは、「租税回避地」のことであり、税金のかからない地域のことである。主なところに、ケイマン諸島、ヴァージン諸島、香港、シンガポール、ルクセンブルグ、パナマなどがある。

そして、タックスヘイブンは、高度な守秘性を持っている。

政府が金融情報について守秘義務を負っているのだ。自国内に開設された預金口座、法人などの情報を、なかなか他国に開示しない。たとえ犯罪に関係する預金口座、企業などであっても、よほどのことがない限り、部外者には漏らさないのだ。

そのため、世界中から、脱税のための資産隠しをはじめ、麻薬などの犯罪に関係する金、汚職など不正な方法で蓄えた資産が集まってきている。

つまり、タックスヘイブンは、脱税をほう助するとともに、犯罪マネーの隠し場所にもなっているのだ。

この「タックスヘイブン」を使った逃税スキームを簡単に説明したい。

法の抜け穴をガイドする業者たち

富裕層といえども、その多くはなかなかタックスヘイブンに「移住」することまではできない。だから彼らはタックスヘイブンに会社をつくり、そこに収益や資産をぶち込むのである。

その最たるものは投資会社である。

タックスヘイブンにある投資会社が、世界中の企業に投資をしたとする。普通は、投資で得た収益には、税金が課せられる。

しかし、タックスヘイブンに籍があればその会社の収益には税金がかからない。だから、投資会社がタックスヘイブンに本籍地を置いているケースが非常に多いのだ。かつてブルドッグソースを買収しようとした投資グループ「スティール・パートナーズ」も、本籍地はタックスヘイブンで有名なケイマンになっている。

名高いヘッジファンドのほとんどは、タックスヘイブンに本籍地を置いているし、そうでなくてもなんらかの形でタックスヘイブンを利用している。

日本では、外国法人や非居住者の株の売買益に関する所得には、税が課せられないようになっている。外国法人や非居住者たちは、本来、居住国で税金が課せられるからだ。

しかし、タックスヘイブンに籍を置いておけば、税金はかからない。だから、日本の株売買をしているような投資会社が、タックスヘイブンに本籍をおけば、その収益にはまったく税金が課せられないことになる。

また外国企業や非居住者は日本の株からの配当金については約15％の源泉税だけでいいことになっている（本来は約20％の税が課せられる）。投資以外でも、不動産事業などは、タックスヘイブンをうまく使えば税金を免れるケースがある。

そして日本以外の先進諸国でも、同様の制度となっていることが多い。そのため先進諸国では、タックスヘイブンは頭の痛い問題となっている。

もちろん先進諸国も、この事態を黙って見過ごしているわけではなく、「本籍だけをタックスヘイブンに移しても、会社の実態が本国にあれば本国で課税する」というような法律をつくっている。

しかし、タックスヘイブン側も対策を講じている。そこには、法の抜け穴をつくるようなサービスをする業者がいるのだ。

タックスヘイブンには、各国から集まってくる企業や資産家を守るためのサービス業者が数多く存在する。彼らは多国籍企業のオフィスをタックスヘイブンに開設し、従業員もいるように見せかけ、本社としての実体があるかのようなアリバイ工作をしてくれる。お金さえ払えば、逃税のための体裁を整えてくれるのだ。

これらの業者は弁護士と提携していて、法律的な面でもぬかりがない。つまりは、現地の業者が合法的に偽装工作をしてくれるということだ。パナマ文書で有名になったパナマの法律事務所「モサック・フォンセカ」も、そういうサービスを行なっていたのである。

ケイマン諸島や香港などのタックスヘイブンでは、日本人向けの銀行口座開設や法人設立の代行をしてくれる業者もたくさんいる。「タックスヘイブン」「法人設立」などのワードで検索すれば、そういう業者はすぐに見つかるだろう。

だから「会社の実態がない」として、本国の税務当局が否認することは、なかなか難しくなっているのだ。

タックスヘイブンからお金を引き出す方法

前項では、タックスヘイブンを使っての逃税スキームを紹介したが、ここで大きな疑問が生じないだろうか？

タックスヘイブンにつくった会社の収益には、確かに税金はかからない。が、タックスヘイブンの会社から、その所有者に配当が行く場合は、本国で税金が課せられてしまう。

つまり、このスキームでは、税金を逃れようと思えば、お金をタックスヘイブンの会社に置きっぱなしにしておかなければならないのである。

実際、タックスヘイブンのペーパーカンパニーに、お金を置きっぱなしにしている投資家もたくさんいる。もちろん、彼らはそのままずっと置きっぱなしにしておくつもりはない。自分が必要なときには、お金を引き出す。

では、どうやって引き出すのか？

方法はいくつもあるが、簡単な例を三つほど紹介したい。

一つ目は、タックスヘイブンのペーパーカンパニーに、自分が欲しいものを買わせるという方法である。たとえば、どこかの不動産が欲しいときには、タックスヘイブンの会社がその不動産を買うのである。そして、その不動産を自分が使うのだ。こうすれば本国（たとえば日本）で課税されずに、タックスヘイブンの会社の金を使うことができる。

実際に、ロンドンの高級住宅街の多くは、タックスヘイブンのペーパーカンパニーによって買い占められているのである。

二つ目は、ペーパーカンパニーからお金を借りる、という方法である。配当であれば税金はかかるが、借金であれば税金はかからない。お金を借りたとしても、借りた相手は自分の所有する会社なのである。返済などはどうにでもなる。

これを露骨にやれば、税務当局から「実質的には借金ではなく配当である」とみなされて課税される恐れもある。しかし、ペーパーカンパニーをいくつも噛ませて、取引をゴチャゴチャにしてしまえば、税務当局もそこまで追いつけない。

そして三つ目は、母国が特別に一時的にタックスヘイブンからの送金を無税にすることがあり、それを待つという方法である。

アメリカなどでは、タックスヘイブンに蓄えられたアメリカ人の資産をアメリカ本国に呼び戻すために、たびたびこういう特別措置を行なっている。ブッシュ大統領のときにも、オバマ大統領のときにも、この特別措置は行われた。

まるで、「泥棒に追い銭」のようなものだが、アメリカとしては、このままではアメリカ人の資産がタックスヘイブンに置きっぱなしになってしまう、税金は取れなくてもアメリカ本国に戻したほうが景気刺激策になると考えたのだ。

タックスヘイブンに金を蓄えている資産家からすれば、ウハウハの措置である。

このようにして、世界中の富裕層は、タックスヘイブンで税金逃れをしつつ、そのお金をうまく引き出しているのである。

タックスヘイブンの非合法スキーム

タックスヘイブンは、法の抜け穴をつくことで知られているが、非合法的な取引、資産隠しに使われているケースも多々ある。

たとえば、タックスヘイブン地域に、こっそり紙幣や貴金属を持ち込み、それを秘密口座にぶち込んでおくなどの方法である。

この非合法者のデータは、現在、ほとんど流出していない。

非合法者は、まっとうな法律事務所を使ったりはしていないからである。パナマ文書などのリーク情報は、まっとうな法律事務所を使っている人たちの情報である。法律事務所などを使わずに、まったくの非合法な行為をしていれば、どこにも記録は残っていないことが多い。

そして、タックスヘイブンはこの非合法の節税（つまり脱税）においても、重要な地位を占めている。実態はわかっていないが、その利用者はかなりの数に及ぶとみられている。

日本では、5000万円以上の海外資産を持っている人は申告をしなければならない義務がある。しかし、この申告をしている人は、現在のところわずか8000人しかいないのだ。

日本にはミリオネアが200万人以上いるとされ、その中には海外に資産を移している人もかなりいると見られる。海外資産の申請者8000人というのは、1％以下であり、あまりに少なすぎる。

これは、資産をこっそり海外に持ち出し、海外で保管している人が相当数いるということだ。おそらく、申請者の数倍から数十倍はいると推測される。

税金逃れの背景にある米英の思惑

タックスヘイブンの存在は、現在、先進諸国の頭痛の種になっている。

富裕層がタックスヘイブンに資産を移したり、多国籍企業が本社をタックスヘイブンに移したりされてしまうと、母国では税金が取れなくなる。そのため、先進諸国では深刻な「税収減」となってしまった。

タックスヘイブンで一番被害に遭っているのは、アメリカだとされている。アメリカは、自国の企業のうち1万社近くがケイマン諸島に本拠地を移しているとされ、年間1000億ドル（11兆円）の税収を、失っているといわれている。日本では、はっきりした統計はないが、兆の単位で税収が失われていると見られている。

現在、世界の銀行資産の半分以上、多国籍企業の海外投資の3分の1が、タックスヘイブンを経由しているといわれている。

ＩＭＦ（国際通貨基金）は、２０１０年の発表で、南太平洋などの島嶼部のタックスヘイブンだけで、18兆ドル（１９８０兆円）の資金が集められているとしている。18兆ドルという額は、世界総生産の約３分の１に当たる。しかも、これは「過小評価と思われる」と付記されているのだ。いっぽう、ＮＧＯ（国際非政府組織）である「税公正ネットワーク」は２０１０年末時点で、21兆～32兆ドル（２３１０兆～３５２０兆円）の金融資産が、タックスヘイブンに保有されていると分析している。

※1ドル＝110円で換算

タックスヘイブンを監視するＮＧＯ「タックス・ジャスティス・ネットワーク」は、ヨーロッパの大手１００社のうち99社がタックスヘイブンに子会社を持っていると報告した。ともかく、途方もない巨額が「租税回避地」に集まっていることになる。

先進諸国もただ手をこまねいているわけではない。先進諸国は共同して、タックスヘイブン地域に情報の開示を強く要請してきた。

しかし、現在のところ、有効な手立てとはなっていない。なぜなら、世界各地のタックスヘイブンのバックには、先進国が控えているからである。

もともと、タックスヘイブンをつくったのはイギリスなのである。

タックスヘイブンの代表格であるケイマン諸島、ヴァージン諸島というのは、イギリスの海外領である。また香港、シンガポールなど、タックスヘイブンにはイギリスの旧植民地が多い。

これは、イギリスが海外領の税収を上げるために、税金を安くしたり、金融関連の秘密を守る政策を敷いてきたりしたからである。

そして、イギリス系のタックスヘイブンを真似て、他の国々も同様の地域をつくるようになった。

積極的だったのはアメリカだ。国内のデラウェア州、ネヴァダ州などでは、銀行秘密法に似た法律がつくられ、南米の有力者や富裕層のマネーロンダリングの最重要地点となってしまっているのだ。

またアメリカは、OECD（経済協力開発機構）が進めるタックスヘイブン防止策「銀行口座自動交換システム」への加入を表明していない。これに加入すれば、南米地域などから集まったお金がアメリカから引き上げられる恐れがあるからだ。

また、スイス、ルクセンブルグ、オランダなども、イギリスの海外領に対抗して、自国そのものがタックスヘイブン化していった。これらの地域は、もともと金融の秘密性を保っていたり、税金が安かったりした。それをさらに、会社をつくりやすくしたり、金融の規制を弱めたりするなどをして、企業や資産を呼び込もうとしたのだ。

このように、イギリス、アメリカやスイスなどがタックスヘイブンのバックに控えているので、世界的にタックスヘイブンを規制するのは、非常に困難なのである。

第二章

個人と会社それぞれの逃税術――

白色申告＆プライベートカンパニーで税金をとことん減らす

逃税術

自営業者は驚くほど税金を払っていない

「税金を払わないで生きている人」を思い浮かべたとき、もっとも身近にいるのは自営業者だと言える。

自営業者になれば税金は劇的に安くなるのだ。もちろん、自営業者になるには「儲かるスキーム」を自分で確立させなければならない。実は、それはかなり大変なことである。しかし、それさえクリアすれば、相当にオイしい無税生活が待っているのだ。

「自営業者になれば、なぜそんなに税金が安くなるのか」――本章では、その仕組みを説明していきたい。

筆者が税務署の調査官だったころ、けっこう大きな家に住み、高級車に乗り回しているのに、税金をほとんど払っていない人がいくらでもいた。しかも、その多くはべつに脱税をしているわけではなく、税法に則って申告をしていたのである。

若かった筆者は彼らのことを非常に羨ましく、憎たらしく思ったものである。あなたの周りにも、そういう人がいるはずである。

自営業者で羽振りのいい人——そういう人は、けっこう人に奢《おご》ることが多い。

「いいよ、いいよ、ここは俺が出すから」

と言って、いつも払ってくれるような人がいるはずだ。

が、そういう人は、単に気前がいいから奢るわけではない。また自分の金持ちアピールのためにご馳走しているわけでもない。彼らが人に奢るのは、税金対策が大きな理由の一つになっているからである。

彼らの税金は、サラリーマンに比べればはるかにユルい。そして、自己裁量の範囲が非常に広いのである。

自営業者の税金（所得税、住民税）は、基本的に次の算式で求められる。

（収入－経費）×税率

本来、サラリーマンの税金も収入から経費を差し引いた残額にかけられるはずなのである。ところが、サラリーマンの場合は、いちいち申告をするのは面倒だということで、収入によって税金が自動的に決められているのだ。

自営業者の場合はそういうことはなく、原則通りに事業の経費を自分で計上することができる。

そのため、彼らは儲かっているときにはたくさんお金を使い、それを経費で落とすことによって、税金を調節している。税金を払うくらいなら、自分のためになることに使ったほうがいいというわけである。

そして、自営業の経費は広範囲に認められている。場合によっては、家賃、光熱費、交際費、車両費などまでを経費で落とすことができるのだ。

たとえば、自宅で仕事をしているフリーランスの人などは、部屋代の一部も経費に計上できる。電気代、水道代、新聞代、ＮＨＫの受信料に至るまで経費にできることもある。つまり、自営業の場合は、自分の個人的な支出に近いものまでを経費として計上することができるので、「領収書をかき集めて税金を少なくする」ことが可能なのだ。

サラリーマンは、だいたい自分の収入の7割に対して税金がかかってくる。

でも、自営業者の場合は、平均でも自分の収入の3割から4割にしか税金がかからないとされているのだ。すごい人になると、税金がゼロになってしまう。

だから、本当は儲かっているのに、経費をたくさん計上して税金をほとんど払っていない人もたくさんいる。そして、申告書上の収入は低いはずなのに、ベンツを乗りまわしているような人もたくさんいるのである。

あらゆる生活費を経費に計上する

自営業者の税金が安くなる最大の要因は、「生活費を経費に計上することができる」からである。

もちろん、建前の上では「事業の経費」と「生活費」は別個のものである。生活費を普通に経費に計上していれば、それは税務署から否認される。しかし、**「生活費」と「事業の経費」の区分は曖昧な面も多く、明確な誤りさえなければ税務署はとがめたりはしない。**

個人事業者の経費のうち、もっとも額が大きいのは家賃（住居費）だろう。都会の生活者にとって、家賃（住居費）は生活費の大きな部分を占める。これを事業の経費で落としている事業者は結構多い。貸マンション、貸アパートなどの賃貸住宅に住んでいる自営業者やフリーランサーが自宅で仕事をしている場合、家賃を経費で落とすことは普通に可能である。

もちろん、本来は全額家賃として計上することはできない。原則を言うならば、仕事で使っている部分と、プライベートの部分を明確に分けて、その割合に応じて家賃を案分することになっている。

■30平方メートルで家賃8万円の賃貸マンションに住んでいる人の場合

仕事に使っているスペースが18平方メートルならば↓30分の18＝60％
8万円×0・6＝48000円↓これが経費に相当する。

これが建て前の上での計算式になる。

ところが、仕事部屋と居室が分かれていればいいが、そうではないケースのほうが多い。

その場合は、「仕事に使っている範囲」を最大限に広げたうえで経費計上することになる。

また、水道光熱費もかなりの部分が事業経費として計上できる。家賃と同じように、電話代、車のガソリン代なども、仕事に使っている部分は案分して、経費に計上することができるのだ。

これも家賃と同じように、明確な区分ができない場合は、「仕事に使っている範囲」を最大限に判断して経費計上することになる。

配偶者や親族に「給料」を支払う

また個人事業者は、配偶者やその他の家族に給料を払うこともできる。

会社組織にしていなくも、一定の条件をクリアしていれば、家族を従業員ということにし、給与を支給することができるのだ。

個人事業者やフリーランサーには**「専従者控除」**という支出が認められている。

「専従者控除」とは何なのか――妻や親、子供などが、その事業の手伝いをしていて、ほかに仕事をしていない場合、妻ならば年間86万円まで、他の親族ならば年間50万円までは給料として事業の経費とできる、というものだ（白色申告の場合）。

青色申告をしている場合には限度額はなく、いくらでも専従者への給料を出せる。そして給料をもらっている家族は、そう大した仕事はしていない場合も多い。

仕事中にお茶を入れる、仕事部屋を片付ける、仕事の電話がかかったら応対する、仕事の雑用をする、その程度の仕事でも、給料を払っているのだ。税務署としても、軽微であってもなんらかの仕事をしているのであれば、それを否認するのは難しいのである。

所得税の速算表

課税される所得金額	税率	控除額
195万円以下	5%	0円
195万円超〜330万円以下	10%	9万7,500円
330万円超〜695万円以下	20%	42万7,500円
695万円超〜900万円以下	23%	63万6,000円
900万円超〜1,800万円以下	33%	153万6,000円
1,800万円超〜4,000万円以下	40%	279万6,000円
4,000万円超	45%	479万6,000円

個人事業者は交際費が使い放題

また個人事業者は、接待交際費が使い放題なのである。

あまり知られていないが、個人事業者、フリーランサーには、税務上の接待交際費の限度額がない。つまり、**個人事業者、フリーランサーは原則として交際費はいくら使っても経費とすることができるのだ。**

法人（会社）の場合、原則として交際費は税務上の経費にはできないし、資本金1億円以下の中小企業には800万円までが交際費として認められているだけである。にもかかわらず、個人事業者には交際費の限度額がないのだ。

税務上、認められる交際費というのは直接仕事に関係した支出だけでない。間接的に関係するものも含めていいのである。

つまり、直接的な取引先との接待だけではなく、その人と一緒に飲食などをすることで、仕事上有益な情報を得られる可能性があるのならば、それは十分に交際費に該当するのだ。

また、事業を行っている人が、その社会的付き合いからやむを得ず参加しなければならない会合などの費用も、当然、交際費に含めていいのである。

だから、かなり広い範囲で交際費は使える。

個人事業者たちの中には、この交際費を最大限に解釈して、利用している人たちが本当に多い。中には、明らかに交際費とは認められないものを交際費に計上している場合もあり、税務調査などで否認されることもある。

生活用品から高級車、旅行費用だって経費で落とす

個人事業者の中には、生活用品、電化製品などを事業の経費として計上している人もたくさんいる。

「そんなものを経費にできるのか？」

と、疑問に思う人も多いはずだ。

確かに、純然たる私用のものを事業の経費に計上することはできない。しかし、事業に関連するもの、事業に使うものであれば、経費に計上することができるのだ。

家具なども、仕事場に置いているもの、仕事関係の来客のために使うものなどは、事業用とすることができるし、パソコン、テレビなどの電化製品も、仕事に使っているならば経費で落とすことができる。

仕事と私用の両方に使っている場合は、原則としては、仕事部分と私用部分に案分しなければならないが、これも「仕事の範囲」を最大限に解釈して経費計上しているケースが非常に多い。

節税をしながら、資産を蓄積する手段の一つとして、車を買うという方法がある。

車を買った場合、購入費を一括で経費にすることはできない。車は減価償却資産といって、耐用年数に応じて、購入費を費用化していくからだ。普通車の耐用年数は6年なので、購入費を6年に案分して経費としていくことになる。

たとえば、１２０万円の車を買った場合は、耐用年数は6年なので、１２０万円を6年間に案分して経費化する。1年間に20万円ずつ車両費を計上し、6年で１２０万円を経費計上するのである（定額法の場合）。

個人事業者、フリーランサーが車をプライベートで使う場合は、案分しなければならない。しかし、これもまた仕事で使っている割合を最大限に判断して、計上している人が大多数を占める。

また、ベンツなどの高級車の中古を購入して、税金を安くする方法もある。4年以上経過している中古車は、耐用年数が2年となる。そのため2年で購入費がすべて計上できることになるのだ。

高級車の中古車を5年程度のローンを組んで購入した場合、最初の2年間は、毎月払うローンよりもはるかに多くの経費を計上できることになる。つまり、高級中古車を買うことで、実際に払うお金よりも多くの経費を計上できるのだ。

そのため、**個人事業者が儲かった年の節税策として、高級中古ベンツなどを買うことも多いのだ。**

個人事業者は、旅行費用を事業の経費に計上していることも多い。

もちろん、純然たるプライベート旅行ならば、事業の経費にすることはできない。しかし、「事業に関係のある旅行」であれば、経費にすることができる。「旅」を「最大限に解釈」すればいいのだ。旅程の中に事業に関する視察や仕事関係者との打ち合わせ、商品開発調査などを入れ込むのである。

たとえば、ネットで商品を販売している事業者ならば、東南アジア旅行の目的の一つに「ネットで販売できる商品の調査」という名目を入れる——などなど、その理由は旅行地ごとにいくらでもあるはずだ。

あえて青色ではなく白色申告をする自営業者たち

自営業者の税金には、さらに怪しい節税策がある。

税金というのは、本来、収入や支出をきっちり計算して、正確に課税額を出さなければならないものである。サラリーマンの収入や税額は、1円の間違いもなく算出されるのが常である。

しかし、自営業者の場合は、そういうきっちりした計算をせずに、かなり大雑把な計算で税金が決められているケースも多々ある。

特に「白色申告」をしている人に対してはそれが顕著だ。

「白色申告」と言われても、一般的にはピンとこない人が多いかもしれない。

「青色申告は聞いたことがあるが、白色申告は聞いたことがない」

という人がほとんどではないだろうか。

自営業者の税務申告には「青色申告」と「白色申告」があり、国や税務署は、青色申告を薦めている。税金に関する入門書も、そのほとんどが「青色申告が得だ」として薦めている。

しかし、**税務の現場にいた者から見れば、白色申告のほうが有利なのである。と言うより、白色申告の場合にはほとんど税金を払っていないケースだって数多くある。**

一般のサラリーマンの方などにとっては、青色申告と白色申告にはそれぞれどんな意味があるのかさえ、わかりにくいと思うので、ここでその二つにはどんな違いがあるのかを簡単に解説しよう。

青色申告は、自営業者などに対して、「きちんと帳簿をつければ税金を若干安くしますよ」という制度である。

申告書が青いので、「青色申告」という名称になっているのだ。

これは、一定の要件を満たした納税者が自分で「青色申告を選択します」という届出を出して、税務署からそれが認められた場合に可能となる申告方法である。

そして白色申告とは、青色申告の届出をしていない人の申告方法である。本当は「白色申告」という呼び名はないのだが、申告書が白なのでそう呼ばれている。

青色申告の条件とは、だいたい次の通りである。

■複式簿記による記帳を行うこと（簡易なものでも可）
■帳簿や証票類を5年以上残すこと

この条件をクリアすれば、

■65万円の所得控除が受けられる（簡易記帳の場合は10万円）
■家族を従業員にした場合も、給料が普通に払える
■事業の赤字を3年間繰り越せる

という恩恵が受けられる。つまり青色申告の特典を使えば、かなり税金が安くなる。

ということは、普通に考えれば、皆、青色申告を選択しそうなものである。

しかし、自営業者の中には、あえて青色申告を選択しない人もたくさんいる。なぜかと言うと、青色申告は、税金が少し安くなる半面、記帳などに厳しい条件が課せられているからだ。

なぜ「青色申告制度」は生まれたのか

青色申告を用いる際は、原則として複式簿記を行い、関係帳簿をほぼ完全に整備しておかなければならない。そして青色申告者は、きちんと帳簿をつけているというのが原則なので、ちょっとした誤りでも、不正計算とみなされ、罰則（重加算税）の対象となりやすくなる。

白色申告ならば、「うっかり忘れていました」という言い訳が可能だが、青色申告の場合は、そういう言い訳ができず、故意に税金を逃れたとして重加算税などをかけられる可能性が高くなるのだ。

このように、青色申告はいいことばかりではないのである。

そもそも青色申告は、「記帳をきちんとして、帳票類もしっかり残してください。その代わりに税制上の特典をあげましょう」という制度なのである。

なぜこのような制度ができたかというと、次のような経緯がある。

戦前の日本では、事業者は税務申告をしなくてよかった。税務署が、事業の規模などをチェックして一方的に納税額を通知していたのだ。

しかし、戦後の民主化政策の一環として、「税金は自分で申告し、自分で納める」という「申告納税制度」が取り入れられた。

ところが、日本の事業者のほとんどが中小の零細企業だった。彼らは、税務申告のための記帳などほとんどしていなかった。いや、できなかったと言ったほうが正しいだろう。そのために申告納税制度となっても、まともな申告はほとんどなかったのだ。

税務当局も、さすがに「このままではまずい」と思った。全国の事業者が経理をきっちり行い、自分で申告できるようにするにはどうすればいいかを検討し、その結果、青色申告制度が導入されたのだ。

青色申告には記帳の義務が明確に定められている。つまり、自営業者たちに記帳をしっかり徹底させるための制度として始まったのである。

白色申告なら儲かっていてもスルーされる？

その一方で、青色申告を選択しなければ、つまり白色申告ならばこのような厳しい条件はクリアしなくてもいい。世間にはあまり知られていないが、白色申告（青色申告にしていない人）というのは、相当に申告が緩いのだ。

一応、簡単な記帳と、帳票類を残しておく義務はあるが、それほど厳しいものではない。また帳票類も、どれとどれを残さなくてはならないという明確な基準もない。だから白色申告者の中には、領収書などもほとんど残さず、どんぶり勘定で商売をしている人も非常に多い。

税務署の立場で言えば、小事業者のことで調査などをしても、追徴できる税金はたかが知れているので、そううるさくは言わないのだ。

昔ながらの商店などは、記帳どころか領収書さえまともに残していない人もけっこういる。昔からそういう慣習でやってきたので、急に記帳をしろと言われても、できないのである。税務署としても、あまりうるさく言って申告をしなくなるのも困るので、大目に見ているケースも多いのだ。

ところが、そういう人の中には本当は儲かっている業者も数多くいる。昔ながらの商店といっても、今も生き残っているということは、それなりのビジネス・スキームを持っているものなのである。つまり、何にも知らないフリをして、税金は払っていないけれども、実はしっかり稼いでいるのである。

白色申告者の中には、高級車に乗り回しているにも関わらず、子供は無料同然で保育園に行っているツワモノなどもいる。つまりは、本当はすごく金を持っているのに、申告額は非常に低くて済んでいるからだ。

もちろん、白色申告者のどんぶり勘定は、国税当局が正式に認めているわけではない。だから、もしかしたら、そのうち国税当局も白色申告者を徹底的に指導修正することがあるかもしれない。あくまでも、どんぶり勘定というのは、法に則っているというわけではないのだ。

プラベートカンパニーは逃税のためにある

自営業者、不動産を持っている人、多くの資産を持っている富裕層は、プライベートカンパニーをつくって税を逃れることも多い。

プライベートカンパニーは、ざっくり言えば個人の収益や資産を管理するためにつくった会社のことである。

普通の会社とどう違うかというと、普通の会社は、世間からお金を集め、それを資金に収益をあげることを目的としているが、プライベートカンパニーは、個人の節税や収益資産管理が最大の目的であるということだ。

プライベートカンパニーといっても、一般の会社と法的な区別があるわけではない。一般の会社と同じような形態（株式会社など）を取りながら、あくまで個人の収益、節税を目的とするのである。

日本の会社のほとんどが、実はほぼプライベートカンパニーなのである。

自営業者は、サラリーマンなどに比べて、かなり税金が割安になっていることは前述した。ただし、自営業者の事業がそれなりに大きな規模になると、「生活費を経費に計上する」程度では節税がおっつかなくなる。そのため、法人化し、もっとダイナミックな節税をするのである。

一般の方にとっては、「会社をつくる」ことでなぜ税金が安くなるのか、わかりにくいと思われる。なので、その仕組みを簡単に説明したい。

普通、事業を行うには、二つの形態がある。

「個人事業」と「会社」である。

マンションを所有して、それを賃貸するような不動産業にも、「個人事業」と「会社」の二つの形態がある。

会社をつくると、なぜ税金が安くなるのか？　マンション経営を例にとって話を進めよう。

お金持ちはこうして利益を分散させている

会社をつくれば、妻や親類、子供などをその会社の社員にすることで、会社から給料を払うことができる。会社をつくらなければ、マンションからの収入は全部、所有者の個人収入となる。もし、それで５０００万円の収入があれば、全部が自分一人の収入となって、所得税や住民税がかかってくるのだ。

いっぽう会社をつくって、５０００万円の収入の中から、妻、子供に給料を払い、収入を分散し、会社側には一切、利益が残らなかったとする。

そうすれば、この会社には税金がまったくかからない。妻と子供にはそれぞれ所得税が発生するものの、所有者が一人で５０００万円を受け取るよりは、はるかに安い額で済むのである。

金持ちがプライベートカンパニーをつくるのは、大まかに言えばこういうメリットがあるからなのだ。

そして、要件さえ満たしていれば、誰でも会社をつくることができる。

会社をつくるための要件は、「法人登記する」ということだけだ。しかも、法人登記も、資本金と登記料、役員名簿などを準備すればいいだけである。資本金は、今ではほとんどゼロでもいいことになっている。だから事実上、登記にかかるお金（登記費用、司法書士への報酬など）だけを用意すれば、会社はつくれるのだ。

そして、どんな小さな事業であっても、法人登記さえしていれば、法律上は「会社」ということになる。事業の大きさはまったく関係がない。

同じような事業を同じような規模で営んでいても、法人登記をしていれば「会社」となり、していなければ「個人事業」ということになる。たとえ従業員が一人しかいない小さな事業所であっても、法人登記をしていればれっきとした「会社」であり、従業員を何百人も抱えるような大事業所であっても、法人登記をしていなければ「個人事業」なのである。

そして法人登記をしていれば、税法上は「法人税法」の対象となり、会社としての取り扱いになる。

うまく使いたい接待交際費

会社の業務というのは様々な経費を計上できる。一般の人が思っている以上に、会社の経費の範囲は広いのだ。

たとえば、社宅という形にして、家やマンションを購入することもできる。家の名義は会社になっているが、その会社を所有しているのは自分なので、結局、自分が家を持つのと同じなのだ。

また、社用車として車を購入することもできる。その車が会社の名義であり、少しでも会社の業務で使っているならば、社用車にできるのだ。

交際費を経費で落とすこともできる。

事業に関係する接待交際費ならば、原則、会社の経費に計上できる。これもけっこう範囲が広いのだ。

仕事上の友人など、少しでも仕事に関係している相手との食事代などであれば、接待交際費とすることができるのである。**税務署も、よほどのことがない限り接待交際費の**

相手まで細かく調べることはない。

ただし、資本金が1億円を超える大企業には交際費は認められていない。しかし、プライベートカンパニーで、資本金が1億円を超えるというようなことはほとんどないだろう。

芸能人のプライベートカンパニー生活

芸能人は売れてくると、自分で会社をつくることがときどきあるが、それも同様の理由である。

芸能人のつくる会社の多くは、自分のギャラの管理をするためだけに設立されている。たまに、副業をするために会社をつくる芸能人もいるが、それは稀な例である。

芸能人のギャラは、普通、芸能事務所から支払われる。そのギャラをいったん会社が受け取り、芸能人自身はその会社の一社員として給料を受け取るという仕組みにする。そして、会社の役員や社長などに、自分の親族を据えておく。そうすれば自分のギャラを、親族などに分散することができる。豪邸や高級マンションの購入も、もちろん会社名義で行っていることが多い。

当然、それは大きな節税になる。

1億円のギャラをそのまま受け取れば、1億円の収入に対して所得税を払わなければならない。しかし、**会社をつくって、いったんそこで受け取り、様々な経費を支出して、自分個人の給料は低く抑える。そうすれば、税金は何分の一にもなるのだ。いや、ほとんど税金をゼロにしてしまうことさえ可能なのである。**

日本の会社の7割は赤字だ

また、会社は役員や社員に対して「福利厚生費」を出すこともできる。これが、個人事業と大きく違うところである。

個人事業者は、自分自身に対する福利厚生費は認められていない（明確な条文があるわけではなく、慣習的に税務署が認めていない）。しかし、会社の場合は、相手が経営者であっても福利厚生費を支出することができるのだ。オーナー社長であっても、会社との関係は建前の上では「雇用関係」となるからだ。

福利厚生費では、居住費、食費の補助、レジャー費用の補助などを支出することができる。つまり、**生活費に関わる費用を、会社の経費で落とすことができるのだ。**そうして、会社の経費を積み上げて利益を減らし、税金がほとんど生じないようにできるというわけだ。

経費を積み上げることで、わざと赤字にして税金（法人税等）をまったく払っていない会社も多い。日本の会社の7割は、赤字なのである。本来、会社というのは赤字になれば立ち行かないので、「全体の7割が赤字」というのは異常事態と言える。しかし、実は、この7割の赤字会社の大半は、「税務上、赤字になっているだけ」であり、本当に借金経営で苦しい状態になっているわけではない。むしろその逆で、実質的には大きな利益を上げていることも少なくない。

経営者も所得控除で税金が安くなる

プライベートカンパニーをつくれば、経営者であっても税法上はサラリーマンということになる。

社長であっても、会社から報酬をもらう「雇われ人」という形になるのだ。そしてその報酬は、サラリーマンの給料と同じ扱いになる。

そしてサラリーマンになると、**「給与所得者控除」**が受けられる。

給与所得者控除とは、給料に対して全額が税金の対象になるのではなく、一定の金額を割り引いた残額に税金をかける、という制度である。

給与所得者控除の金額は、次ページの算式によって求められる。

たとえば、年間給料の額が600万円の場合、収入の20％プラス54万円なので、174万円となる。この174万円が給料の額から差し引かれるので、600万円－174万円で、426万円が税金のかかる収入ということになるのだ。

つまり、サラリーマンは600万円の給料をもらっていても、税金の対象となるのは426万円で済む、ということである。

なぜこのような制度があるのかというと、サラリーマンは他の事業者のように必要経費が認められていないので、それでは不公平ということで「必要経費」の代わりに給与所得控除が認められているのだ。

サラリーマンであれば誰でも、必要経費の額にかかわらず、左の算式に応じて控除が受けられる。

会社経営者の場合も、建前のうえでは会社から報酬をもらって仕事をしているサラリーマンなので、当然、この「給与所得者控除」が受けられる。経営者も他のサラリーマンと同じように、給料の全額に税金が課せられるのではなく、一定の金額を差し引いた

収入別 給与所得控除額

平成29年分 給与等の収入金額（給与所得の源泉徴収票の支払金額）	給与所得控除額
65万円未満	65万円
180万円以下	収入金額×40%
180万円超〜360万円以下	収入金額×30%＋18万円
360万円超〜660万円以下	収入金額×20%＋54万円
660万円超〜1,000万円以下	収入金額×10%＋120万円
1,000万円超	220万円（上限）

残額に税金が課せられるのだ。

つまり会社経営者は、自営業者と同じように会社で様々な経費を計上できるうえに、サラリーマンの特典である「給与所得者控除」も受けることができる。自営業者の税法上の恩恵と、サラリーマンの税法上の恩恵、両方を受けられるということだ。

会社をつくれば相続税も節約できる

また、プライベートカンパニーは相続税対策にもなる。

普通の相続の場合は、その人の資産を時価で換算し、遺族はその価額に応じて相続税を払うことになる。

いっぽう、自分の資産をプライベートカンパニーに移していた場合は、遺族はそのプライベートカンパニーの株式を相続することになる。

そして、非上場企業の株式の場合、会社の資産価値が株式の資産価値ということになる。つまりは、会社の資産価値が、相続税の対象になるのだ。

そして、その際の会社資産の換算には、相続税上の特別な措置も講じられている。事業用の土地の場合、相続財産としての評価額は大きく減じられるのだ。

だから、プライベートカンパニーが貸マンション、貸アパートなどを所有していた場合には、その土地の評価額は大きく下げられることになる。ようするに、相続税の対象額が大幅に減るのだ。

会社の資産価値を測る場合、**【資産－負債＝資産価値】**ということになる。当然のことだが、会社に負債があればその分を差し引くことができるのだ。

プライベートカンパニーの多くは、帳簿上は赤字になっている。ガンガン経費を積み上げることができるので、帳簿上の会社の経営状態は、赤字になってしまうからだ（実際には、経営者が会社の経費を使っているだけなので、本当に経営が思わしくないということではない）。

日本の会社の9割は、経営者とその親族で運営されている個人会社である。そして、繰り返すが、日本の会社の7割以上が赤字なのである。

なぜ赤字になっているのかというと、会社の経費を積み上げているからだ。つまりは、わざと赤字になっているわけである。

なぜわざと赤字にしているのか……法人税や法人事業税を払いたくないためである。

実際、会社が赤字になると、帳簿上は負債が溜まっていく。

となると、会社の資産価値は大幅に減少する。

だから、相続する際には、会社は負債が溜まっていて、資産価値がほとんどない、ということもあるのだ。

そして、資産価値がほとんどない場合は、株式を相続しても、相続税はほとんど発生しないのだ。


また、たとえ会社に負債がなくても、相続税をほとんど払わずに、株式を相続する方法もある。

たとえば**「事業承継円滑化のための税制措置」**を利用する方法である。

「事業承継円滑化のための税制措置」とは、中小企業の世代交代などがうまくいくよう、先代が死亡した際には、次世代に事業用資産をそのまま受け継がせるようにしている税金の特別措置である。

具体的に言えば、一定の条件を満たして、中小企業の株式を後継者が取得すれば、相続税などの納税を猶予するというものだ。

そういうスキームのいくつかを使えば、プライベートカンパニーを引き継ぐ際には、ほとんど相続税は払わずに済むのだ。

第三章

住宅を使って巧みに税金から逃げる方法

住宅ローン控除の活用とタワーマンション節税の大きな利点

ローンを組んで家を買えば所得税がゼロも

ここまで読んでいただいた方のなかには、「普通の人ができる方法ではない」「自分には関係ない」と思われた向きも多いはずだ。なので、一般的に使える「逃税術」もこれから紹介していきたい。

誰でも、というわけにはいかないだろうが、普通に社会人として生きてこられた人々が「税金を払わないで生きていく」ためのもっとも手っ取り早い方法は、「家を買うこと」である。

現在、日本では景気促進のため、**「住宅借入金等特別控除」**という優遇制度が設けられている。

一般的には「住宅ローン控除」と呼ばれているものである。

住宅ローン控除とは、簡単に言えば、「ローンを組んで家（マンション含む）を買った場合、ローン残高の0・7％分の税金を還付する」という制度である。

たとえば、3000万円のローンを組んで家を購入した場合、3000万円の0・7

%、つまり21万円の税金が安くなるのだ。サラリーマンで言えば、住宅ローン残高の0・7%が年末調整で還ってくる感じになる。

税金が21万円安くなるというのは、相当に有利な制度だと言える。平均的なサラリーマンの場合は、これでほぼ所得税はゼロになる。イメージとしては、12月の年末調整のときに、税金がドンと21万円戻ってくるという具合である。

住宅ローン控除は、節税の「王様」とも言えるものである。誰もができるし、節税額が大きいからだ。

家を買ったうえに、税金が安くなるのだから、「持つ者」ばかりが得をする制度だとも言える。

意外と一般の人はこの制度を知らない。

この住宅ローン控除は、ここ20年来続いている制度である。

国の税収への影響が大きいため、たびたび廃止が検討されたが、景気後退の恐れがあるため、現在も廃止されずに残っているのだ。

住宅ローン控除は、住宅にかかわる「借入金の残高」がその基準となる。もし

2023年（令和5年）12月に家を買って居住した人のローン残高が3000万円だった場合は、21万円が節税できるということだ。

住宅ローン控除対象のローン残高は、一般住宅の場合、最大で3000万円である。ローンがそれ以上多くても、控除対象額は40万円で頭打ちとなる。

これが13年間、受けられるのだ。

年間21万円が13年間なので、最高273万円の節税となる。

平均的なサラリーマンの所得税は、15〜25万円なので、住宅ローン控除を受ければ、所得税がゼロになるケースも多い。

また、所得税だけでは住宅ローン控除額が余ってしまう場合、たとえば、所得税が20万円で住宅ローン控除を21万円受けられるような場合は、控除し残した部分を住民税から差し引くことができる。

平均的なサラリーマンの所得税、住民税の合計額は30万〜40万円なので、住宅ローン控除だけで、所得税、住民税がゼロになる可能性もある。

住宅ローン控除は、1年目は必ず確定申告をしなければならない。

サラリーマンの場合、2年目からは会社でやってくれる。
サラリーマン以外の人も、2年目の確定申告からは住宅ローンの年末残高証明書を添付するだけでいいのだ。

住宅ローン控除の主な要件とは……

■新築の場合
①住宅取得後6月以内に居住の用に供していること
②家屋の床面積が50㎡以上であり、床面積の2分の1以上が居住用であること
③その年の所得金額が2000万円以下であること
④住宅ローン等の返済期間が10年以上で、割賦による返済であること

■中古住宅の場合
基本的には新築住宅の場合と同じだが、1982年（昭和57年1月1日）以後に建築されたものでなければならない

■必要書類
①住民票
②登記謄本
③売買契約書の写し
④住宅ローンの年末残高証明書
⑤給与所得者の場合には源泉徴収票

さらに税額を減らせる「長期優良住宅」という方法

住宅ローン控除には、さらなる優遇制度もある。

買った家が「長期優良住宅」の場合は、２０２３年（令和5年）～２０２５年12月居住の控除対象額は、５０００万円（２０２４年以降は４５００万円）となるのだ。

つまり、年間の税額控除限度額が、普通の住宅よりも14万円増しということである。

適用期間が13年間なので、フルに利用すれば、２００万円近くの違いが出てくる。

「長期優良住宅」とは、国土交通省が設けた制度で、一定の基準をクリアし、災害などに強く、バリアフリーや省エネ機能を持った住宅のことだ。「税金など様々な優遇処置があるので、長期優良住宅を建てましょう」ということである。

長期優良住宅は、もちろん値が張る。しかし、ローン面などの支援もある。

住宅金融支援機構は、50年ローンの『フラット50』というプランを設けている。50年ものローンを組めるのだから、月々の払いはかなり安くなる。また35年ローンの『フラット35』でも、長期優良住宅の場合は最初の10年間は金利をマイナス0・25%にしている。

また、長期優良住宅の場合、ローンの残高に応じて控除される住宅ローン控除ではなく、建築費に応じて税額が控除されるケースもある。これは、長期優良住宅を建築するために必要な費用（普通の住宅の建築費用との差額）の10%が所得税から控除されるというものである。２０２３年12月までに取得した人は、最高65万円の税額控除を受けられる。

住宅取得控除は、これまで家屋の新築や購入の住宅ローンの年末残高がない場合には、受けることはできなかった。しかし、平成21年度（２００９年度）の税制改正により、「認定長期優良住宅」を自己資金で取得した人ならば、控除を受けられるようになったのだ。つまり、ローンを組まずに家を建てた人でも、所得税の割引制度が適用されるということだ。

共働き夫婦はダブルで受けられる！

昨今のサラリーマン家庭には「夫婦で共働き」の人たちも多いが、彼らが住宅ローン控除を受ける場合には、裏ワザがある。

それはどんなものかと言えば、マイホームをどちらか一方の名義にするのではなく、名義を分けて双方で住宅ローン控除を受けるというやり方だ。

住宅ローン控除は、夫婦どちらかのためだけにあるわけではない。**夫婦共同でマイホームを購入し、共に住宅ローンを背負っていることにすれば、夫婦両方に控除を受ける資格が生じる。**

住宅取得控除は、住宅取得のためにローンを組んだ場合に、ローン残高の０・７％が税金から控除される制度である。住宅ローンの借入残高が2000万円あれば、14万円の節税となる。

しかし、住宅ローン控除は、当人が払った税金以上には控除することはできない。だから、住宅ローン控除額の枠が20万円あったとしても、当人が10万円しか税金を払っていなければ、最大でも10万円しか控除はできない。つまり、住宅ローン控除額の枠内である10万円は捨ててしまうことになる。

夫婦で住宅ローン控除を受ければ、その弊害を防ぐことができる。夫の税金だけではなく、妻の税金も取り戻せるからだ。

だから、先ほどのケース、住宅ローン控除額の枠が20万円あって、夫の税金が10万円だった場合でも、妻の税金が10万円くらいあれば、控除枠の満額である20万円の税金を取り戻すことができるのだ。

夫婦で住宅ローン控除を受ける方法は以下の通り――。

■家の名義を夫婦の共同名義にする（持ち分は2分の1ずつにする）。
■家のローンを夫婦で連帯債務にする。

たとえば、４０００万円のローンを組んで家を買ったとする。

これを夫婦の共同名義にして、２０００万円ずつローンを背負っていることにする。一人あたりの控除限度額は14万円だが、これを夫婦それぞれが持っているわけなので、合計28万円である。

つまり、４０００万円のローン残高がある場合、夫一人で住宅ローン控除を受ければ、21万円の全額を控除できないかもしれないが、夫婦が両方で受けた場合は、28万円まで控除されるのだ。

ただし、これは、夫婦ともにある程度の税金を払っていること、夫婦の収入がかけ離れていないこと、が条件になる。

妻（夫の場合も）が所得税を払っていない場合は、分散するよりも、収入のある方だけにするべきである。妻（夫の場合も）の収入が少なく、所得税も住民税も払っていないような場合、妻が住宅ローン控除を受けても、節税の余地はないからだ。

確定申告の要領は、夫婦ともに同じだ。必要書類を揃えて申告をすればいいだけである。

賃貸住宅×持ち家――どちらが得か答えは明白

「賃貸住宅と持ち家ではどちらが有利か？」

サラリーマン向けの雑誌などで、よくこういう特集が組まれる。

戦前の雑誌でも、こういうテーマで特集が組まれているので、サラリーマンにとってこれは永遠のテーマかもしれない。

しかし、この問いに対して、筆者は明確な回答を持っている。

それは、**「持ち家のほうが有利になる可能性が高い」**ということである。

不動産価値の上下動などによりケースバイケースのこともあるので、一概には言えないが、確率から言えば持ち家が有利になる可能性のほうが圧倒的に高い。

雑誌などのメディアでは、「持ち家と借家では、トータルの住居費はほとんど変わらない」というような情報がよく流布されている。

そんな「持ち家と借家の住居費は変わらない論」では、たいてい以下のような主張が披露される。

「持ち家の場合、購入費自体は家賃より安いけれど、固定資産税やメンテナンス費用を加えれば、そう変わらない額になる」と。

しかし、この論には大きな欠陥がある。

確かに、家を買えば固定資産税やメンテナンス費用が必要となる。

しかし、それは実は借家でも同じことなのである。借家にも、固定資産税やメンテナンス費用はかかる。借家の固定資産税やメンテナンス費用は大家が払っているわけだが、それは家賃に上乗せされるので、結局払っているのは借主なのである。**つまり家賃には固定資産税やメンテナンス費用も含まれているのだ。**

また、「持ち家が得か、賃貸が得か」といった検証記事を読むと、「同じような間取りでも、家賃と家の購入費はそう変わらない」というような計算結果が出たりすることもある。

しかし、この計算結果にも大きな欠陥がある。

同じような間取りであっても、借家と持ち家では、家の設備等が全然違う。賃貸アパート、賃貸マンションなどの場合、普通の住宅よりもかなり格安な設計になっている。

つまりは、ボロいということなのだ。

賃貸住宅の家賃は、購入費よりも安いかのように（もしくは同じくらいに）見えるが、実は、賃貸住宅のほうがオンボロなだけである。

それは少し考えればわかることだ。

家賃には、その建物の取得費、維持費、税金が当然含まれている。

維持費や税金を大家さんが自腹で払っているなんてことはあり得ない。しかも、家賃には、これらの諸経費に加えて、大家さんの利益も上乗せされている。

つまり、**賃貸住宅に住んでいる人は、自分の住居費のほかに、大家さんの利益分も支払っているのである。**

しかも、「持ち家と借家では様々な諸経費を考慮すれば住居費がそれほど変わらない論」では、税金のことが考慮されていない。

前述したように、現在、ローンを組んで住宅を購入した場合、ローン残高の0・7％分の税金が戻ってくることになっている。これは家を買ってから13年間続く。

なので、3000万円のローンを組んで家を買った場合、13年間で300万円近くの税金が戻ってくるのだ。この300万円を考慮すれば、賃貸住宅と持ち家では、どう考えても経済的に持ち家のほうが有利なのだ。

長生きするほど持ち家のほうが断然有利

持ち家の最大のメリットは資産形成できるということだ。

賃貸住宅は、家賃として払ったお金はすべて出ていくのに対し、持ち家の場合は、払った家の購入費（ローンなど）は、すべて「家」という資産を形成していくことになる。

家賃は、何年払っても払いっぱなしだが、家のローンは全部払ってしまえば、家が自分のものになるのだ。

「持ち家と借家では、様々な諸経費を考慮すればそれほど変わらない」

という主張は、この部分がすっぽり抜け落ちているのだ。

「賃貸住宅の家賃」と「家のローン」とを比較して同じくらいだ、と述べているだけであって、ローンを払い終わった後の資産形成までは計算に入れていないのだ。

家が自分の所有物であるということは、いざというときに非常に有利になる。

人生というのは、いつまで続くかわからない。「だいたい平均寿命くらいまで生きるんじゃないか」と思っている人も多いようだが、平均寿命で死ぬ人というのは、全体の半分しかいないわけだ。平均寿命より長く生きる人が、残り半分いるわけである。つまり、あなたが平均寿命より長生きする確率はしっかり50％あるわけだ。

そして、借家の場合は、長生きすればするほど不利になる。借りているのだから常に家賃を払っていないとならないので、住んでいる時間が長くなるほど、住居費の総額が増えるからだ。

しかし、持ち家の場合はその逆である。長生きすればするほど有利になるのだ。ローンを払い終われば、あとは固定資産税だけ払えばいいわけだ。だから、老後の生活を考える上では、持ち家のほうが圧倒的に有利なわけである。

また、家が自分の所有だった場合、もし、不意に多額のお金が必要になった場合、それを担保にしてお金を借りることもできるし、いざとなれば売り払ってお金をつくることもできる。しかし、借家ならばそんなことは一切できない。持ち家の住居費は蓄積されていくが、借家の場合は払いっぱなしだからだ。

ただし、持ち家にもリスクはある。住宅価格の下落だ。これだけは防ぎようがない。もし、バブル崩壊時のように住宅の価格が暴落した場合は、持ち家のほうが損だというケースもあり得る。「持ち家のほうが１００％有利」と筆者が言わないのは、そのためである。

でも、現在はバブル期に比べれば非常に住宅は安いし、バブル崩壊というのは100年に一度くらいの出来事である。それさえなければ、おおむね持ち家のほうが有利だと言えるのだ。

金持ちはなぜかタワーマンションを買いたがる

このように、家を買えば大きな節税になるわけだが、なかでも「タワーマンション」を購入すれば、さらなる節税が実現可能となる。

「タワーマンション節税」という言葉を聞いたことがある読者も多いのではないだろうか？

都心の一等地に建てられたマンションが、発売と同時に完売するというケースは多々ある。

たとえば、2015年の年末から2016年春にかけて、『パークコート赤坂檜町ザ・タワー』というマンションが販売された。

このマンションは、港区赤坂9丁目の東京ミッドタウンに隣接する場所にある、地上44階建ての超高層タワーマンションである。戸数は322、最高価格の部屋はなんと15億円である。これがすぐに完売したのである。しかも、高層階から順に売れていったらしい。

そして、高級マンションの購入者は、巷で流布されているような「中国人の富裕層」ではなく、大半が日本人だというのだ。

高層マンションが建てられるようになって、もう半世紀たつが、これほど金持ちが高層マンションに固執するようになったのは、最近のことである。以前、日本人の金持ちは、これほどまでに固執してはいなかった。彼らは長い間、広い土地に豪邸を建てることをステータスとしていたのである。

しかし、**昨今の金持ちは、一戸建てより高層マンションを買いたがる。おそらく、その動向には節税対策が絡んでいると思われる。**

なぜ、タワーマンションを買えば節税になるのか、普通の人にはなかなかわかりづらいと思う。

なので、それを簡単に説明したい。

高層階には逃税するための部屋がある

マンションの高層階が売れる理由の一つに**「固定資産税が異常に安い」**ということがあげられる。

固定資産税というのは、土地や建物などの「固定資産」にかかる税金である。

マンションを所有している場合、マンション全体の固定資産税を、各所有者の所有面積割合に応じて、案分されることになっているのだ。その案分割合には、階層の違いは考慮されない。

つまり、低層階であっても、高層階であっても、所有している面積に応じて固定資産税は課せられるのである。

だが、**タワーマンションの場合、低層階と高層階では、販売価格に大きな違いがある。にもかかわらず、面積比で同じ固定資産税しかかかってこないのである。**

しかも、固定資産税の評価額というのは、相続税の算出基準にもなっている。固定資産税の評価額が、マンションが相続資産となった場合の評価額の基準にもなるということである。

つまり、高層階であっても低層階であっても、同じマンション、同じ面積ならば、相続税の評価額は同じになるのだ。

高層階と低層階であれば、場合によっては倍近い価格差が生じることもある。にもかかわらず、相続資産としての評価額は同じなのだ。ざっくり言えば、タワーマンションの高層階を買えば、相続税が低層階の半分になるのである。

それを狙って金持ちたちは、高級マンションの高層階を競うようにして買い求めているのである。

高級マンションは相続税対策に打ってつけ

そもそも、タワーマンションに限らず高級マンションは、相続税対策に打ってつけなのである。遺産は現金、預金で残したり、一戸建ての家で残したりするより、高級マンションで残したほうが各段に節税効果が高いのだ。
その仕組みを説明したい。

相続税とは、死亡した人が資産を遺していて、遺族が一定以上の資産をもらった場合にかかってくる税金のことである。

一定以上の資産とはどれぐらいか。それは、基礎控除額が3000万円で、法定相続人一人あたりの控除額が600万円というルールからはじき出すことができる。

遺族が二人の場合は、
600万円×2+3000万円＝4200万円

となり、4200万円以上の遺産を受け取る場合に、相続税が発生する。

ところが、この遺産の評価額というのが、少し複雑な計算になっているのだ。

現金、預金などの場合は、その金額そのままが遺産の評価額になる。

しかし、家などの不動産は、複雑な計算をすることになる。不動産の評価額は原則として時価ということになっているが、時価だけにその不動産を売ってみないとわからないものであり、売らずに正確な時価を算出することはできない。そのため、便宜上、遺産としての不動産の評価額は、土地の部分は路線価を基準に、建物部分は固定資産税の評価額を基準に決まることになっている。

路線価とは、道路に面している土地の評価額のことで、毎年、国税庁が決めている。この路線価は、市場価格に近い価格が設定されるが、市場価格よりも高くなった場合は相続税を取り過ぎることになるので、やや低めに設定されている。

固定資産税評価額は、市区町村の担当者が建物を見て、これはいくらぐらいというのを算定して決める。そして、年を経るごとに減額されていく。年を経れば建物の価値は下がっていくからだ。

路線価にしろ、固定資産評価額にしろ、たいがいの場合、市場価額よりも若干低めに設定されている。

しかも、建物の場合は、建ててから年数を経るごとに価値は下がっていくので、10年も経てば半額以下になることも珍しくない。

そのため、遺産は現金、預金で残すよりも、不動産で残したほうが、相続評価額は低くなるのだ。

３３０㎡以内の宅地なら相続税は80％減

しかも、不動産は相続税の評価額を算出するうえで、さらに有利な条件を備えている。もし遺産である家には故人と家族が一緒に暮らしていて、故人が死亡した後も家族が住み続ける場合は、遺産評価額が極端に安くなるのだ。

土地の評価額が80％も減額されるのである、

これは「小規模宅地等の特例」と呼ばれる制度であり、３３０㎡以内の宅地を、死亡した人と同居している親族が相続した場合に適用される。

同居している親族には、もちろん配偶者も含まれる。だから、夫が死亡して、妻がその家を相続した場合、その土地の評価額は80％減でいいということなのだ。子供が同居していた場合は、同様にこの恩恵の対象になる。

そして、「小規模宅地等の特例」の「３３０㎡以内」という条件は、全国共通なのだ。都心部であっても、地方であっても、３３０㎡以内の住宅地は、この特例の対象となる。土地の価格は関係なく、あくまで面積だけが条件となるのだ。

相続資産としての評価額の大きさ
（時価が同じ場合）

現金・預金 ＞ 一戸建て ＞ マンション

たとえば、都心の一等地にある宅地でも、面積が３００㎡（10億円？）ならばこの特例の対象となり、地方の５００㎡（１０００万円？）の宅地にはこの特例は適用されないのである。

だから、地方で広大な家を建てるよりは、都心部で３３０㎡以内の宅地と家を買うほうが、相続税対策になるのだ。

そしてマンションであれば、どんなに広くても、所有している土地の面積が３３０㎡を超えることはほとんどない。そのため、高級マンションを買って、そこに住んでおけば、相続税が大幅に節税できるのである。

国税庁はタワマン節税つぶしに乗り出した

ただし、このタワーマンション節税には、落とし穴がある。

相続税の評価額を「固定資産税の評価額」で決めるというのは、便宜上そうされているだけであって、原則としては時価で換算されることになっているからだ。

だから、固定資産税を基準にして申告していても、税務署に時価で換算されて修正される恐れがあるのだ。

そして、税務当局はタワーマンション節税をけっして快く思っておらず、明らかな相続税の節税目的のタワーマンション購入に対しては、追徴税を課したこともある。

とある資産家が、相続税対策のためにタワーマンションを購入し、その資産家が死亡した途端に、遺族がマンションを売却したので「明らかに相続税逃れである」とし、慣例となっていた「路線価による価格評価」ではなく、本来の「時価評価」で、相続資産の算定をしなおしたのだ。

しかも最近になって税務当局は、タワーマンション節税に対してさらに厳しく対処するようになった。**2017年度から、固定資産税の評価額が改正されたのである。20階以上のマンションの高層階に対しては、階を上がるごとに高くなるように設定されている。**最大で1階と最上階の差は、10数％程度だ。

そして2023年、についに国税庁は、このタワーマンション節税をつぶしにかかった。路線価と実勢価額があまりに乖離するような不動産に関しては、調整を図ろうということになったのだ。

具体的に言えば、これまで実勢価格の3分の1程度になっていた相続税評価額を3分の2程度まで引き上げようということになったのである。これは、一戸建ての相続税評価額とほぼ同じ割合だ。

つまり、「タワーマンション節税」を実質的に無力化させようというわけなのだ。

国税庁は現在（2023年8月）、この新制度について2024年1月1日からの導入を目指していると見られている。まだ現在のところ新制度は成立していないが、今後の動向次第では、タワーマンション節税は無力化してしまうかもしれない。

該当者の方は注意が必要である。

第四章

サラリーマンだって逃税できる

おいしい副業節税とウィン・ウィンの会社内独立

サラリーマンは副業で税から逃れる

「サラリーマン副業節税」という言葉をご存知だろうか？

この節税法は少し前に、ネットや雑誌などを中心に広まったことがある。その名の通り、サラリーマンが副業をすることで、税金を安くするやり方だ。

この手法は、実は脱法ギリギリなのだ。

まず、なぜサラリーマンが副業をすれば税金が安くなるのか、その仕組みを説明していこう。

サラリーマンは、所得税と住民税を会社から天引きされている。

所得税は、その人の所得に応じてかかる税金であり、所得の多寡にかかわらず、そこにおおむね10％の税金が課せられるのが住民税である。

つまり、所得税も住民税も「所得」に対してかかってくる税金だ。

でも、この所得というものが、実はちょっと複雑な構造をしているのである。

税金の上での所得は、その収入方法により給与所得、事業所得、不動産所得など10

種類に分類されている。

そして、この所得の種類は一人で1個とは限らない。サラリーマンをやりながら不動産収入がある人もいるし、所得の種類が複数というのは珍しくない。

そういう人の場合は、原則として複数の所得を合計して、その合計額に対して税金が課せられることになる（ただし、所得の中には譲渡所得のように「分離課税」となっているものもあり、その場合は単独での計算となる）。

給与所得と事業所得がある人の場合、二つの所得は合算されることになっている。たとえば、給与所得が1000万円、事業所得が1000万円あった場合、この人の所得は2000万円ということになる。

事業所得には「赤字」を計上することが認められている。つまり、事業所得はプラスだけではなく、マイナスになることもあるのだ。

そして、**給与所得と事業所得がある人が、事業所得に赤字があれば、その赤字を給与所得から差し引くこともできる。**

たとえば、給与所得が800万円、事業所得は赤字が600万円あった場合、800万円−600万円で、この人の所得は200万円ということになるのだ。

しかし、この人の場合、会社の源泉徴収ですでに800万円の所得に対して税金が差し引かれている。実際の合計所得は200万円しかないので、納め過ぎの状態になっているのだ。

これを税務署に申告すれば、納め過ぎの税金が戻ってくる、というわけである。この仕組みを利用して、**サラリーマンが副業を始め、赤字を出して税金を安くするのが、「サラリーマン副業節税」のスキームである。**

副業は事業所得として申告する

この節税スキームのキモは、副業を「事業所得」として申告することである。

本来、副業的な収入は「雑所得」として申告するのが普通だ。

雑所得というのは、他の所得に区分されない所得、年金所得、額が小さくて取るに足らない所得などのことである。サラリーマンが片手間に講演を行って得た収入などがそれに当たる。

そこでネックとなるのが、「雑所得は赤字が出ても他の所得と通算することができない」ということだ。

たとえば、売上80万円で、経費が100万円だった場合、雑所得はゼロということにされ、赤字の20万円は税務申告の上では無視されてしまうのだ。

だが、事業所得では、売上80万円、経費100万円であれば、所得は赤字20万円ということになる。この赤字20万円は、ほかの所得（給与所得など）と相殺できる。

そのため「サラリーマン副業節税」を行うためには、副業収入を雑所得ではなく事業所得として申告するのだ。ここがサラリーマン副業節税の肝心なところである。

では、誰でもが事業所得で申告できるのだろうか？　そして、どうすれば副業程度の事業が事業所得として認められるのだろうか？

このあたりのラインは、これまでは曖昧だったのだが、2022年の国税庁の通達により、副業の場合、取引の記帳を条件として「事業所得としての申告を認める」ということになった。

この取引の記帳も、ノートにつけるなど簡易な方法でいいとされている。だからサラリーマンの副業であっても、記帳さえちゃんとやっていれば事業所得として申告できるということだ。

また、複式簿記などの条件さえ満たせば、青色申告をすることも可能である。

ただし、本当はほとんど事業など行っていないのに、経費の記録ばかりを積み上げて事業所得として申告すると、税務署から否認される恐れがある。社会一般的に見て「事業を行っている」と認められる程度の実態は必要となる。

事業で赤字を出して税金を取り戻す

次に「副業で赤字を出す」とは、どういうことなのか。

「事業で赤字を出して税金を安くする」ということは、その事業で損をすることでもある。だから、普通に考えれば、税金が安くなったところで、事業で損をしたのだから本末転倒ということになる。

しかし、第二章で紹介したように、事業の経費の中にはプライベートの支出に近いようなものもたくさんある。そういう経費をどんどん積み上げることで、実質的には事業で損はしていないのだが、申告上は損が出ていることにするのだ。

たとえば、自分の借りているアパート、マンションなどで仕事をしていれば、「自宅の一部が仕事場になっている」ことにして、家賃の一部を経費として計上するのだ。電気代、水道光熱費なども同様である。

もちろん経費は、これだけではない。

パソコンを使って仕事をするような人は、パソコンの購入費やインターネット料金も経費に計上するし、テレビやＤＶＤで情報を収集するような場合は、その購入費も経費として扱う。

また、書籍などの資料を購入した場合も、もちろん経費に計上する。情報収集のために雑誌を買った場合も同じである。さらに、仕事に関係する人と飲食などをした場合は、接待交際費として計上すればいいのだ。

つまり、副業でありながらが、実質的には自営業者のような経費の使い方をするのだ。そうやって赤字を積み上げるのである。だから、実際には「損をした」という感じではないのに、事業所得を赤字にできるわけである。

会社内独立するサラリーマンが増えている

「サラリーマン副業節税」よりも現実的に節税効果のある方法として、サラリーマンが会社内で独立するという手段もある。

これは、社員という立場から離れ、改めて会社の仕事を引き受けるというスタイルである。そして、自分で売上や経費の管理をし、税金も自分で申告するのである。

このスキームは、ざっくり言うと次のようなことである。

■サラリーマンとして行っていた業務を、事業者として業務請負をする
■事業者として様々な経費を積み上げる
■税金や社会保険料を安くする

つまり、自営業者やプライベートカンパニーの恩恵をサラリーマンにももたらそうというわけだ。

これは一部の外資系企業などが実際にやっている方法でもある。

また日本では、昔から職人の世界で一人前になると「独立」が行われてきた。親方の元で修業をして、技術を習得すれば独り立ちするのである。その場合、親方とはまったく離れてしまうこともあれば、親方から仕事を請け負うこともある。「サラリーマン独立制」とは、後者のケースに似たものと言える。

独立すると言っても、会社からはこれまで通り仕事がもらえるので、収入は安定している。つまり「サラリーマンと自営業者のいいとこ取り」のようなスキームである。

ただし、このいいとこ取りのスキームを使うには、いくつかの条件をクリアしなければならない。

会社と社員の関係から離れる意味

普通、サラリーマンの場合、会社との関係は「会社と社員」ということになる。

この形態では、仕事の報酬は「給料」という形で支払われる。給料は税制上、給与所得ということになり、3割程度の「サラリーマン控除」を差し引いて、その残額に税金がかけられる。

しかし「会社と業務委託者」という関係ならば、その仕事の報酬は事業者同士の取引によることになる。

会社は社会保険料を払う必要がなくなるし、ほかにも様々な恩恵を被ることができる。これについては後述する。

また、業務委託をされた側は、その報酬は事業の売上という形で計上される。この売上から様々な経費を差し引いた残りに、税金がかかることになる。

だから、経費を増やせば増やすほど税金は安くなるのだ。

半独立すれば税金も半分になる

サラリーマンが独立すれば、どの程度税金が安くなるのか、具体的に検証してみたい。収入が1000万円のとき、これを給料でもらう場合と、事業収入でもらう場合の税金の比較をしてみよう。

■給料の場合。

給料1000万円ならば、サラリーマン控除（給与所得者控除）は220万円なので、1000万円－220万円で、差し引き780万円が課税所得になる。この780万円に、税率をかけたものが税金になる。

■事業収入の場合。

1000万円の事業収入の場合、個人事業者の平均的な経費率は7割程度なので、1000万円－700万円で、差し引き300万円が課税所得になる。この300万円に税率をかけたものが税金になる。

つまり、概算でも税金は半分以下になる。

年収1000万円の人の税金（所得税、住民税）は、だいたい300万円程度である。

それが半分以下になるのだから、150万円以上の増収になる。

そして、社会保険料も同様に節減できるので、トータルで200万円以上の増収が見込まれるのである。

会社は社会保険料と消費税を節約できる

社員が独立して業務契約を結ぶと、会社にとっても大きなメリットが生じる。

まず、負担していたその社員の社会保険料を払わなくて済む。社会保険料は、会社と社員が折半で払っているので、社員が独立すれば会社の負担分がなくなるのだ。

さらに消費税の節税にもなる。

消費税は、売上のときに客から預かった「預かり消費税」と、仕入のときに支払った「支払消費税」の残額を税務署に納めることになっている。

つまり、「売上にかかった消費税」から「経費にかかった消費税」を差し引いた残額を税務署に納めるのだ。

そして「経費にかかった消費税」というのは、だいたい「経費×消費税率」で算出される。しかし、この経費から人件費は差し引かなければならない。なぜなら、人件費には、消費税が課せられていないからだ。つまり、経費のなかで人件費の割合が高い企業というのは、「経費にかかった消費税」が少なくなり、必然的に「納付する消費税」の額が大きくなる。

しかし、**人件費として払うのではなく、業務委託費として払えば、「経費にかかった消費税」を差し引くことができる。**

たとえば、1000万円の業務委託費を払った場合、「1000万円×10％」で100万円を、納付する消費税から差し引くことができる。いっぽう、この1000万円を人件費として払った場合、納付する消費税から100万円を差し引くことはできない。つまり、100万円上乗せで消費税を払わなければならないのである。

この社会保険料、消費税分の節減により、会社は20〜30％の経費削減が可能なのである。つまり、社員は20％以上の増収になり、会社は20〜30％の経費削減になるというわけだ。損をする人は、誰もいないのである（国以外は）。

法人化して節税する独立サラリーマンたち

サラリーマンが独立して会社と業務契約を結ぶ場合、その事業形態は、個人事業でやることもできるし、法人化（会社化）することもできる。

独立して事業を行う場合、個人でやる「個人事業」と、法人登記して「会社の事業」として行う二つの方法がある。

「プライベートカンパニーの章」でも説明したが、両者はどう違うかというと、簡単に言えば、法人登記しているかどうか、である。法人登記していれば、会社ということになり、していなければ個人事業ということになる。

そして法人化すれば、さらにダイナミックに「逃税」することができる。

会社にすれば、自分（経営者）は会社から報酬をもらう形になる。この報酬は、**給与所得者控除**を受けることができる。

給与所得者控除とは、サラリーマンの必要経費のようなもので、一定の率で給料から差し引けるという制度である。この恩恵は役員報酬においても享受できるのだ。この給与所得者控除は、報酬額のだいたい2～3割程度である。

つまり、会社をつくれば、自営業と同様に様々な経費を差し引けるうえに、自分の報酬の税金も2～3割削減できるのである。

さらに、妻などの親族に給料を払って自分の報酬を分散し、もっと税金を安くすることもできる。個人事業でも妻などの親族に給料を払うことはできるが、様々な制約があり、会社ほどダイナミックに収入を分散することはできない。

また、会社の場合、経営者に対する福利厚生費が使えるなど、個人事業よりも節税の幅が広がるのである。

会社の設立は簡単である。

法務局に登記をすれば、すぐに会社はできる。登記費用は、司法書士への報酬も含めて、だいたい30万円ほどである。これは株式会社の登記費用のことであり、合名会社などでは、10万円弱で登記をすることもできる。

会社をつくる際には、従業員の数に制限はない。従業員が自分一人、つまり社長一人の会社でも、登記さえすれば会社にすることができる。実際、日本には社長一人の会社など腐るほどあるのだ。

ただ、注意しなくてはならないのは、会社をつくって税金を安くするためには、計画的な会計をしなければならない、ということである。

会社をつくるには、登記費用がかかるし、決算書、申告書などをつくるのにも、かなりの手間がかかる。ほとんどの場合、税理士に依頼することになる。つまり、それだけ経費がかかるのだ。その経費に見合うくらいの節税をしなければならないが、そうするためには、計画的かつ緻密な節税策が必要となる。

それなりの手間と労力を覚悟しなければならないのである。

独立後の会社との関係は条件次第

サラリーマンが会社から半独立するには、若干の条件がある。

サラリーマンが独立して、会社の仕事を請け負うということは、会社との関係は雇用契約ではなく、業務契約になるわけだ。

雇用契約と業務契約は、まったく同じではない。一定の条件を満たしている必要があるのだ。

その条件は「一つの業務を丸々任せること」である。

上司からいちいち指示を受け、逐一報告しなければ仕事にならないような場合は、「業務契約」という形は成り立たない。上司の細かい指揮命令を受けて仕事をする場合は、税務上は人件費という形になってしまうのだ。

つまり、会社から半独立して業務契約を結ぶためには、**「一つの業務を責任を持って遂行できる」**ことが条件となるのだ。

サラリーマンが半独立して会社と業務契約をする場合、不安材料も出てくるはずだ。「社員としての身分保障がなくなる」からである。

正社員というのは、労働法できっちり身分が保障されている。会社側は、正当な理由なく社員を辞めさせることはできない。

しかし正社員でなくなれば、会社は非常に簡単に業務関係を切ることができるようになる。それは、「業務契約サラリーマン」にとっては非常に危険なことである。

この不安を解消する方法として、**会社の子会社にしてもらう方法がある。独立する**

際につくる会社を、元の会社の子会社という形にしてもらうのだ。

そして、労働協約も本社と同じ条件にしてもらうのである。そうすれば、子会社へ転籍したのと同じことになり、社員としての身分も守られる。

逃税術

第五章

逃税したい企業と酷税に苦しむサラリーマンへ

なぜ外資系、ＩＴ企業は会社も社員も税金が安いのか？

江戸時代の農民より酷税を強いられている

日本は実にサラリーマンの多い国だ。就労人口の約9割が会社に雇われている身分（正規・非正規の合計／経営者や役員も含む）である。前章でサラリーマンの逃税について説明したが、それでも「自分には無縁だ」と考える方は多いはずだ。

税金がほぼ自動的に徴収されているサラリーマンにとっては、税金は逃れようと思っても逃れられない――それが常識として日本には浸透しているからだ。

税務の世界には、「とーごーさん（10、5、3）」という言葉がある。

これは、課税されている所得の割合のことを指す隠語だ。サラリーマンは所得の10割に課税されているが、自営業者は5割にしか課税されていない、農家は3割にしか課税されてないという意味である。

サラリーマンは、会社から税務当局に給与の額が報告されるので、収入の隠しようがない。

また、経費を計上することも原則として認められていないので、「経費を積み上げて所得を抑える」こともできない。

しかし、前述したように自営業者ならば、所得は自分で税務署に申告することができるうえ、経費はかかっただけ計上することができる。だから自分の思うように所得を調整できる、その結果、実際の所得の5割程度にしか課税されていないということである。

現在のサラリーマンの給料には、平均すると税金が所得税でだいたい10〜20％、住民税で10％が課せられている。つまり、税金だけで20〜30％も取られているのだ。

それにプラスして社会保険料が労使負担合わせて約3割も課せられている。

社会保険料は税金ではないと思われる方もいるかもしれないが、これもまた「支払いの義務」があり、「相互扶助」のための支払いなので、ほぼ税金と同様である。社会保険料は、労使が半分ずつ折半ということになっているが、会社側の社会保険料負担も、会社の人件費から支払われているのだから、サラリーマンが本来もらえるものを削っているということであり、実質的にはサラリーマンが負担しているのと同じである。

つまりは、今の日本のサラリーマンは、給料の5割を税金、社会保険料で取られているのである。これは江戸時代の年貢と同等か、それよりも高いくらいである。江戸時代の年貢は、4公6民などと言われているが、農民には隠し田などがあったので、実際には3割程度の負担率だったとされているのだ。

収入の5割の税金を払っている現代日本のサラリーマンは、見方によっては、江戸時代の農民よりも酷税を強いられているのだ。

つまり、日本の就業者の9割はサラリーマンなのだから、日本の就業者の9割は「能動的に税金から逃れることはできない」ことになる。

しかし、実は普通のサラリーマンでも、一般よりもはるかに少ない税金しか払っていない人たちもいるのだ。

サラリーマンにとっての「逃税方法」はまだまだあるのだ。

その方法はいくつかあるが、その中でもっとも効果的に逃税しているのは、一部の外資系企業、IT企業のサラリーマンたちである。彼らは、会社が協力することによって、驚くほど税負担を少なくしているのである。

その方法を次ページ以降で紹介していきたい。

「税金のかからない給料」を払う外資系企業

外資系企業やＩＴ企業が採っている社員の節税方法とは、簡単に言えば、「税金のかからない給料」を増やすということである。

サラリーマンの税金や社会保険料は、給料の額に応じて一定の比率でかかるようになっている。

しかし、給料の全額に税金がかかるわけではないのだ。

実は、給料には、二つの種類がある。

課税給与と非課税給与である。

簡単に言えば、課税給与とは、税金や社会保険料の「対象となるもの」であり、非課税給与というのは「対象とならないもの」だ。

サラリーマンは、給与の他にも、福利厚生など様々な形で会社から経済的利益を受けている。この給料以外の経済的利益に関しては、税金、社会保険料はほとんどかからない。外資資系企業やＩＴ企業は、この点に着目し、税金、社会保険料の対象とならない非課税給与や経済的恩恵の割合を増やしているのだ。

一部の外資系企業やＩＴ企業は「福利厚生などが行き届いている」という話を聞いたことがある人もいるだろう。

外資系企業や最先端のＩＴ企業では、会社が豪勢な社食をつくったり、住居を提供したり、託児所を開設したり、社員の生活に様々な恩恵を与えることが多い。なぜこういうことをするのか？

もちろん、社員の勤労意欲増進という目的がある。

しかし、それ以外にも大きな狙いがあるのだ。

それは、「福利厚生を充実させることで、社員の税金、社会保険料の軽減を図っている」ということである。

賃金を全部、現金で支払うと、そのまま税金や社会保険料がかかってしまう。しかし、賃金の一部を福利厚生という形で支払えば、社員にとっては、その分の税金、社会保険料が軽減できるのだ。

外資系企業は税金に関して非常にシビアである。なぜなら、日本国に税金を払っても何の恩恵もないからだ。したがって、日本に進出している外資系企業は税金を極限まで安くしようとする。

そして、彼らは会社が払う税金だけじゃなく、社員の税金についても非常に配慮しているのである。**同じ人件費を払うならば、社員の手取り額が大きいほうが費用対効果は高い、ということだ。**社員の税金、社会保険料を極限まで安くしているのはそのためなのである。

日本国に税金を払うくらいなら、社員の手取りを多くしたい――さすがは金銭感覚にうるさい外資系企業のやることである。

そして、その手法を最先端のＩＴ企業なども踏襲するようになった。

ＩＴ企業の中には、非常に贅沢な福利厚生を持つ企業もある。

たとえば、携帯の必須アプリとなっている『ＬＩＮＥ』では、高級レストランと見紛うばかりの豪華な社員食堂が設置され、託児所も完備され、娯楽施設なども併設されている。

これは「社員思い」であると同時に、非常に賢い経営戦略なのである。

給料に代わるオプションが節税の味方

「そんなことをしても、サラリーマンが節税できる額なんてたかが知れている」

と思った人も多いかもしれない。

が、そんなことはないのだ。

サラリーマンの方は税金が天引きされているので、あまり自覚がないかもしれないが、かなり大きな税金を負担している。先ほども述べたように、サラリーマンは平均的にだいたい給料の約5割の額を税金、社会保険料で取られている。

つまり、本来あなたがもらっている給料は、今の約1・5倍なのである。

手取りで500万円をもらっている人は、本来は750万円くらいもらっているのだ。250万円も税金、社会保険料を払っているのである。この250万円を半分に減らすことができれば、125万円も手取りが増える。

しかも、それは比較的、簡単にできる。

会社があなたのために支払っている人件費のうち、「税金のかかる給料」の割合を減らし、「税金のかからない給料」の割合を増やせばいいだけなのだ。

そして、「税金のかからない給料」というのが、実はけっこう広い範囲で認められているのだ。

たとえば、会社が給料の代わりにこういうオプションを用意する。

■社員が住んでいる賃貸マンションを会社が借り上げる
■会社が食事を支給する
■託児所をつくる
■パソコンや携帯を支給する
■プライベート旅行に補助金を出す

これらについては、社員に税金はかからない。もし、社員が自分の所得から費用を支払った場合、その所得に約5割の税金、社会保険料がかかるのである。その差は、相当に大きいのだ。

なぜ外資系企業は社員に住居を用意するのか

では、税金のかからない給料とは、どういうものなのか具体的に見ていきたい。

その最たるものは、住居費である。

会社が社員のために、マンションやアパートを借り上げたり、社宅を用意したりすれば、それは社員にとっては「税金のかからない給料」となる。

普通、賃貸マンションや賃貸アパートなどの家賃は自分の給料から払う。給料は受け取った時点ですでに税金を天引きされているのだから、家賃には税金が課せられていることになる。

たとえば、自分の給料から家賃12万円を払っているとする。この12万円の給料には、約50%の税金、社会保険料が含まれている。つまり、この人が家賃を捻出するためには、12万円の家賃プラス6万円の税金、社会保険料を支払わないとならないのである。

ところが、家賃分を給料から差し引く代わりに会社が家賃を払えば、それには税金はかからない。つまり、6万円の税金、社会保険料を払わなくて済むのである。これは年間にすれば72万円の差になる。

たったこれだけのことで、72万円も節税できるのだ。

家賃以外のそのほかの方法を組み合わせれば、１００万円単位の節税だって簡単にできてしまうのだ。

会社の家賃負担には条件がある

ただし、この会社の家賃負担には条件がある。

「家賃の全額を会社が払うことはできない」

ということである。

家賃を全部払ってもらうのは社員にメリットが大きすぎるので、給料と同じ扱いになる。そのため、社員はだいたい家賃相場の15％程度を会社に支払わなければならない。

それは、給料との差し引きという形になる。それでも、節税できる額はかなり大きい。

この社員が会社に払う家賃の額は、次の計算式で算出される。

・その年度の建物の固定資産税の課税標準額×0・2%
・12円×その建物の総床面積の坪数
・その年度の敷地の固定資産税の課税標準額×0・22%

この三つの計算式で出された金額を足した総額の「半額以上」を社員が払っていればいいのだ。それが、だいたい市場家賃の15%になるのである。

だから12万円の家賃であれば、1万8000円は会社に払わなければならない。

また、この方法は、単なる「家賃の補助」では不可である。あくまで会社が直接借りて、そこに社員が住む、という形をとらなければならない。

この住宅借り上げの非課税制度は、社員だけでなく役員にも使える。ただし役員の場合、若干社員よりも条件が悪く、家賃のだいたい30%以上を払わなければならない。そして豪華な住宅などの場合は、家賃の50%以上払っていなければならない。

社員の残業も節税につなげる

「税金のかからない給料」には、食事代も含まれている。

会社が一定の条件のもとで社員の食事代を負担すれば、それを給料として扱わなくていいのである。

一定の条件とは、食事の形態によって違うので、順に説明しよう。

まず、もっとも使い勝手のいいのが「夜食代」である。**残業した人の食事代を会社が負担した場合、そのお金は給料として課税しなくていいことになっているのだ。**

ただし、夜食代を現金で渡すことはできない。あくまで会社が夜食を提供した形にしなければならない。だから、出前や仕出しなどを利用することになる。コンビニやスーパーなどの弁当を会社が買って、社員に与えるというのでも構わない。

そして、どうしても会社が提供したという形が取れない場合、1回300円までなら現金支給でも非課税となる。たとえば弁当持参の社員に対しても、この非課税手当の枠を使うことができるのだ。

会社が夜食代を出すことを条件に、その分の給料を下げれば、社員にとっても会社にとっても節税となる。

たとえば月のほとんどで残業をしている社員が、残業したときにいつも800円程度の出前を取っていたとする。1カ月に20日残業したとして、毎月1万5、6000円の夜食代がかかる。

この金額を会社が残業者の夜食代として払い、その分を給料から減らすと、年間で約18万円分が「税金のかからない給料」となるわけだ。

昼食代やジムの会費を肩代わりするのも節税の一環

次に昼食代である。

昼食代を会社から出すとき、次の条件をクリアしていれば、「税金はかからない」ことになる。

・従業員が半分以上払うこと
・月3500円以内

一食あたり全額を会社が支給することはできず、会社が負担できるのは半額だけである。つまりは、「昼食費の補助」ということになる。

この「昼食費の補助」は、毎月3500円まで可能である。年間にすると、4万2000円になる。

若干、少ない気もするが、ないよりは全然マシである。これだけで所得税、住民税が1万円程度節減できるのだ（平均的サラリーマンの場合）。

もっとダイナミックに昼食代を会社が肩代わりする方法もある。

それは「会議費」として支出する方法である。

会議費とは、会議をするときにかかる経費のことだ。これは、会社の経費として支出することができる。当然、給料として扱わなくていい。

この会議費で昼食代を支出する場合、出前や仕出しに限るものではない。会議なので、レストランなどで行うこともできる。だから、自由度は格段に高くなり、使い勝手はよくなる。

ただし、会議費として支出する際には、あくまで「会議」という体裁をとらなければならない。と言って、改まった本格的な会議にする必要はなく、仕事の報告会といった形でもよい。議事録なども簡単な会談の内容報告をメールで提出する、というような程度で大丈夫である。要は、「仕事の話をすること」「それが証明できる記録をとっておくこと」だ。

これもうまく使えば、かなりの節税になる。

「会議」をそれほど堅苦しく捉える必要はない。「ランチのついでに仕事の話をする」という感じでいいのだ。 そうすることで、会社が社員の昼食代を肩代わりすることができるのだ。

たとえば、週に2回、ランチ会議をする権利を社員に与えておく。

社員一人で食事をしてそれを「会議費」で落とすことはできないので、必ず社員2人以上で行うということにはなる。各社員はその権利を自分のスケジュールに合わせて行使するのだ。同僚同士で仕事の話し合いをしてもいいし、上司と部下で仕事の中間報告をしてもよい。

サラリーマンが加入している「スポーツジムの会費」なども、会社が負担することができる。

この場合、スポーツ施設の利用は、すべての社員が希望すれば使えるようにしていなければならない。役員など一部の社員だけが使えるということでは、福利厚生費としては認められない。これは、「税金のかからない給料」について全般的に言える前提条件である。

もっともよいのは、スポーツジムに会社が法人会員として入会する方法である。スポーツジムの法人会員の場合、「月に何人まで無料で利用できる」という形態をとっていることが多い。これを利用して、社員なら誰でも使用できるようにしておくのだ。

法人会員にならなくても、社員が個人でスポーツジムに加入し、会費を会社が出してやるということもできる。その際にも、すべての社員がその恩恵を受けられることがはっきりわかるように、就業規則などに明記しておいたほうがいいだろう。

福利厚生の範囲は「社会通念」で決まる

「税金のかからない給料」の割合を増やすということは、福利厚生を充実させるということでもある。

家賃やスポーツジムの会費を福利厚生費から出す、ということを紹介してきたが、「福利厚生」とはいったいどの程度まで認められるのか——そんな疑問を持った人も多いはずだ。

実は、福利厚生費の範囲には厳密な規定はない。「福利厚生」の概念そのものが時代とともに移り変わるので、厳密な線引きはなかなかできないのだ。

福利厚生費とは、会社が社員の福利厚生のために支出する経費のことである。会社によっては、クルーザーを購入しているようなところもある。ようするに「社員の福利厚生のために買った」ということだ。

ただ、国税当局がクルーザーを福利厚生費として認めたかどうかは、微妙である。税務においては、「社会通念」ということが重んじられる。明確な線引きがない代わりに、社会通念（社会常識）に照らし合わせてそれが妥当かどうかを判断するのだ。

今のところ、クルーザーを福利厚生費で落として、国税当局から否認されたという話は聞かない。ただし、税務上の否認状況というのは、裁判にならない限り公にはならないので、もしかしたら否認されているケースもあるかもしれない。

あらためて福利厚生の基本的な考え方を説明すると、だいたい次の三つになる。

■社会通念上、福利厚生として妥当なものであること
■経済的利益が著しく高くないものであること
■一部の社員のみが享受できるのではなく、すべての社員が享受できること

この三つの条件にマッチしていれば、だいたい福利厚生費として認められる。

原則的には、福利厚生費の取り扱いはそれほど厳しくない。非常識な経理処理をしていない限りは認められると考えておけばいいだろう。

ここで、現在もっとも喫緊かつ重要な福利厚生の話題に触れておかねばなるまい。それは、給料の代わりに、会社が「育児や介護に関して充実した支援をする」ということだ。たとえば、次のような内容である。

■保育所などを利用したときにその費用の一部を補助する
■親などが介護施設を利用したときにその費用の一部を補助する
■事業所内に保育所を設置する

育児支援、介護支援については、細かいことを考えずに会社は思い切って支援策を施していい。この分野は、国をあげて取り組んでいるところであり、どれだけ充実した福利厚生を施しても、否認されることはまずないからだ。

第六章

庶民のための「税金を払わない生活」

日々の暮らしのなかにある秘密の逃税テクニック

逃税術

税金ゼロの生活をめざして――

ここまで様々な逃税方法を紹介してきたのだが、こんな感想を持った方も大勢いるのではないか。

「家を買うとか、海外に移住するとか、金持ちしか逃税なんてできないじゃないか」――あるいは、「会社と業務委託契約を結ぶなんてリスクが大きいし、だいいちウチの会社にそんな制度はない」「外資系でもＩＴ系でもない普通のサラリーマンにも通用する話をしてくれ」――など。

確かに、ここまで紹介してきた逃税術は比較的お金を持っている人向けのものが多かった。

ここからは「お金持ち以外の人たちにもできる逃税術」をしっかりお伝えしていきたい。

最初に申し上げたいのは、「絶対にあきらめないでほしい」ということ。中流やそれ以下の皆さんは、「どうせ自分に節税なんてできっこない」と考えている場合がけっこう多い。しかし、それは違う。一般庶民ができる逃税術はたくさんあるのだ。いや、それどころか「税金を払わずに生きてゆく」ことさえ場合によっては可能なのである。

そもそも、中流以下の人たちは、課税額がそれほど多くはない。だから、ちょっと頑張れば、それをゼロにできるのである。

たとえば、年収300万円（額面）のサラリーマンを例にとってみよう。

この人の基本的な控除額は、次のようになる。

基礎控除	**38万円**
給与所得者控除	**108万円**
社会保険料控除	**45万円**
所得控除　合計	**約191万円**

つまり、191万円が年収から控除され、その残額に対して税金がかかる。年収から所得控除額を引くと――

300万円－191万円＝109万円

となり、この109万円に対して所得税がかかってくるのだ。住民税も、だいたいこれと似た計算になる（ただし住民税は若干、数値が違う）。

なので、この109万円をゼロにすれば、税金は課せられないのだ。

もし、この人に、妻と子供一人がいたとする。となれば、扶養控除などでさらに76万円が控除される。となると、

109万円－76万円＝33万円

つまり、あと33万円をなにかしらで控除できれば、税金はゼロにできるのだ。

次に年収200万円で独身のサラリーマンを例にとってみよう。

基礎控除	**38万円**
給与所得者控除	**78万円**
社会保険料控除	**約30万円**
所得控除合計	**約146万円**

この人は、収入200万円から146万円が控除され、その残額の54万円に税金が課せられるのだ。

この54万円をどうにかしてゼロにすれば、税金はかかってこないことになる。

課税所得54万円といっても、バカにならない。これに所得税、住民税がかかってくるのだから、約8万円が徴収されるのだ。年収200万円の人の8万円というのは、かなり大きいはずである。

だからこそ、これはどうにかしてゼロにしたい。

金持ちよりも中流以下の人にこそ、税金を払わない生活をしてもらいたいのだ。

栄養ドリンクやマッサージ代も控除の対象

中流以下の人がする節税方法でもっとも手っ取り早いのは、「医療費控除」を受けることである。

医療費控除は、一定以上の医療費がかかった人は、その分を課税所得から減額するという制度である。

医療費控除の計算は以下の通りだ。

その年に支払った医療費（保険金等で戻った金額を除く）－10万円（注）
＝医療費控除額（最高200万円）
（注）10万円または所得金額の5％……いずれか少ない金額となる

端的に言うと、年間10万円以上の医療費を支払っていれば、若干の税金が戻ってくる、という制度である。けっこう対象範囲が広いので、誰にでも簡単にできる。

医療費控除というのは、病院に支払ったお金だけが対象ではない。

病院での治療費、入院費のみならず、歯医者での診療費、各病院への交通費、一般の薬店などで買った市販薬、場合によっては、ビタミン剤、栄養ドリンク、あん摩、マッサージなども含まれる。

また、昨今流行の禁煙治療、ＥＤ治療などの費用も医療費控除の対象になる。そういうのを全部足したら、だいたい誰でも年間10万円以上にはなるだろう。ほとんどの人が普通に生活していたら、必ずいくらかの税金還付を受け取れるはずだ。

ちなみに、医療費控除の対象となる医療費、ならない医療費の主なものは次の通りである。

医療費控除の対象となる医療費

- ■病気やけがで病院に支払った診療代や歯の治療代
- ■治療薬の購入費
- ■入院や通院のための交通費

■あん摩・マッサージ・指圧師、はり師などによる施術費
■保健士や看護士、特に依頼した人へ支払う療養の世話の費用
■助産婦による分べんの介助料
■介護保険制度を利用し、指定介護老人福祉施設においてサービスを受けたことにより支払った金額のうちの2分の1相当額や一定の在宅サービスを受けたことによる自己負担額に相当する金額
（注）この他にも医療用器具の購入費、義手や義足等の購入費用も対象となる

医療費控除の対象とならない主な費用

■医師等に対する謝礼
■健康診断や美容整形の費用
■予防や健康増進のための健康食品や栄養ドリンク剤などの購入費
■近視や遠視のためのメガネや補聴器等の購入費
■お見舞いのための交通費やガソリン代

（注）親族などに支払う世話代や未払いの医療費なども対象とならない

市販薬も対象になる

医療費控除の額を増やそうと思えば、まず重要ポイントとなるのが、市販薬である。病院に行かない人でも、市販薬はけっこう購入しているものだ。この市販薬を医療費控除として申告できれば、その範囲はかなり広がる。

で、市販薬の場合、医療費控除の対象となるケースとならないケースがある。その違いは簡単に言えば「治療に関するものかどうか」ということである。

怪我や病気をしたり、体の具合が悪かったりして、それを「治す」ために買ったものであれば、医療費控除の対象となる。医者の処方のない市販薬でもＯＫなのだ。

いっぽう、「治療に関係ない薬」とは、予防のためや置き薬のために買ったものだ。つまり、具体的な病気、怪我の症状があって、それを治すために買ったものであればＯＫ、「もしも」のために買っておいた場合はダメということだ。

しかし、その境界線は実に曖昧である。それを客観的に判断することは極めて難しい。こういうときは、自分が「治療だと思えば治療」であり、「予防だと思えば予防」ということになるのだ。

医療費控除はよほど不審な点がない限り、本人の申告が認められるのである。

先ほども少し触れたが、ビタミン剤や栄養ドリンクも、一定の条件を満たしていれば医療費控除の対象となる。一定の条件とは、次の二つである。

■何かの体の不具合症状を改善するためのものであること
■医薬品であること

つまりは、どこか具合が悪いところがあって、それを改善するために飲む場合はＯＫだが、体はどこも悪くないけれど、「健康増進のために飲んでおこう」という場合はＮＧなのだ。

ただし、これにも医者の処方せんなどは必要ない。そして、「体の不調を治すため」

なのか「健康増進が目的」なのかという判断も、原則として自己申告となる。そのため、事実上医薬品でさえあれば、医療費控除の対象となると言える。

あん摩や鍼灸は国家資格のあるクリニックで

次に、あん摩、マッサージ、鍼灸などの代金も、一定の条件を満たせば医療費控除の対象になる。

条件とは、次の二つである。

■何かの体の不具合症状を改善するためのものであること
■公的な資格などを持つ整体師、鍼灸師などの施術であること

これも栄養ドリンクなどと同じように、「体はどこも悪くないけれど、とりあえずマッサージしてもらおう」というような場合はダメなのである。どこか具合が悪いところがあって、それを改善するために施術を受ける、というのが原則だ。

さらに、どこの「治療施設」でもいいというわけではなく、ちゃんと公的な資格をもった整体師、鍼灸師などに施術してもらわないと適用されない。

市販薬や栄養ドリンク、あん摩、整体、マッサージなどの医療費として認められる条件をまとめておこう。以下の通りである。

■市販薬……病気や怪我、体の不調などの症状を治すために買ったものであること。特に病気や怪我をしたわけではないけれど、もしものときのため買っているという「置き薬」は不可

■栄養ドリンク……病気、怪我、体の不調などの症状を改善するために買ったものであり、なおかつ「医薬品」であること

■あん摩、マッサージ、鍼灸等……身体の不調などの症状を改善するために受けたもので、「あん摩マッサージ指圧師」「はり師」「きゅう師」「柔道整復師」のいずれかの国家資格を持つ人から施術を受けた場合

総じて言うと、身体に何か不具合があるときの費用はＯＫだけれど、予防のためのものはＮＧということだ。

マッサージなどに行く人はけっこう多いと思われる。最近、マッサージ店がとても増えていることからも、疲れている人が多いのが窺える。マッサージを受けるときには、「あん摩マッサージ指圧師」の国家資格を持つ店を選べば税を節約できるので、よく覚えておこう。

ＥＤ治療も禁煙治療も控除の対象になる！

昨今、ＥＤ治療を受けている男性が増えている。

ＥＤ治療に関してかかった費用も、医療費控除の対象となる。このことは、実はほとんど広報されていない。

しかし、ＥＤは医療関係的には「病気」として扱われ、治療の対象となっているので、当然、医療費控除の対象になるのだ。

ＥＤ治療もけっこうなお金が必要となるが、医療費控除の申告をすれば若干でもそれを取り戻せる。

また、最近は病院で禁煙治療も行われているが、その費用もまた医療費控除の対象になる。さらに禁煙ガムも、医薬品であれば医療費控除の対象になるのだ。

温泉療養やスポーツ施設利用で税金を安くする

一定の条件さえ満たせば「温泉療養」も医療費控除の対象となる。

しかも、温泉施設の利用料だけではなく、温泉までの旅費や旅館の宿泊費なども、その対象となるのだ（必要最低限の費用のみであり、旅館での飲食費や、グリーン料金などは認められない）。

一定の条件とは、次の二つである。

> **■医師が温泉療養を病気等の治療になると認めた場合（医師の証明書が必要）**
> **■厚生労働省で認められた温泉療養施設を利用した場合**

つまり、医者から温泉療養指示書というものを出してもらい、その指示書に従って、特定の施設で療養をした場合に医療費控除の対象になるということである。

厚生労働省が認めた温泉療養施設は、全国に17カ所ある（2023年8月現在）。詳しくは温泉利用型健康増進施設連絡会のホームページを見ていただきたい。

URL: http://www.jph-ri.or.jp/onsen-nintei/index.html

温泉療養費用と同じように、スポーツジムを利用した費用も、一定の条件をクリアすれば医療費控除の対象とすることもできる。

一定の条件とは次の三つである。

■高血圧症、高脂血症、糖尿病、虚血性心疾患等の疾病で、医師の運動処方せんに基づいて行われるものであること
■おおむね週1回以上の頻度で、8週間以上の期間にわたって行われること
■運動療法を行うに適した施設として厚生労働省の指定を受けた施設（「指定運動療法施設」）で行われるものであること

対象となる指定運動療法施設は、全国で238カ所ある（2023年8月現在）。詳しくは、日本健康スポーツ連盟のホームページを見ていただきたい。

URL: http://www.kenspo.or.jp/

レーシックやセラミック歯、子供の歯科矯正も！

医療費控除の対象となる行為の中には、意外なものもけっこうある。まず視力回復のためのレーザー治療（レーシック）——これも実は医療費控除の対象になる。しかも、その全額が適用されるのだ。

また最近、オルソケラトロジー治療（角膜矯正療法）という近視改善の治療法がある。一定期間、特殊なコンタクトレンズを装用して、近視などを治す治療法である。

これも、医療費控除の対象となる。

そのいっぽうで、普通のメガネやコンタクトレンズは医療費控除の対象にならないので注意を要する。

医療費控除の対象になる？
■近視等のレーザー治療……○
■近視等のオルソケラトロジー治療……○
■メガネ、コンタクト……×

虫歯の治療のときに、銀歯は健康保険の対象となるが、セラミックは対象とならない。セラミックは、銀歯と比べてかなり高額であり、美容の意味合いがあるので、健康保険の対象とはなっていないとされている。

しかし、セラミックは健康保険の対象にはなっていなくても、医療費控除の対象にはなっているのだ。

治療ではなく美容のための医療行為は、原則として医療費控除の対象にはならないはずだが、歯の場合は例外になっているのだ。ただ、歯科医療でも医療費控除の対象とならないものもある。

それは、「ホワイトニング」や「大人の歯の矯正」である。これは、医療行為ではなく、美容のためと見なされて、対象から外されているのだ。

しかし、子供の歯の矯正は控除を受けられる。子供の場合、歯の噛み合わせを治すのは医療行為とされているからである。

だから、歯の矯正をするのであれば、子供のうちにやっておいたほうがいいだろう。

医療費控除の対象になる？

■虫歯の治療（銀歯）……○

■虫歯の治療（セラミック等、健康保険適用外のもの）……○

■ホワイトニング……×

■歯の矯正（大人）……×

■歯の矯正（子供）……○

交通費、タクシー代も医療費控除の対象だ

医療費控除を申告する際に、忘れられがちなのが交通費である。

対象となる交通費は、合理的な方法で交通機関を利用した場合に限るということになっている。

また場合によっては、タクシー代も医療費控除の対象になる。

タクシー代が、医療費控除の対象となる場合とは、病状などから見て、タクシーを使わざるを得なかったときということになっている。しかし、これも医師の診断などは必要なく、自己判断に任されている。

領収書の添付が不要になった

医療費控除は２０１８年から若干、仕組みが変わった。

それまで医療費控除を受けるためには、領収書を添付しなければならなかったが、現在はその必要はなく、控除の明細書（集計表）を提出するだけでよい。その代わり、領収書を自分で５年間保管しておかなくてはならない。

これによって、今までよりもハードルは低くなったと言える。自分で医療費を集計して、確定申告さえすればいいのだから。

サラリーマンは、税金というものに慣れていないので、確定申告をすることに躊躇する人も多いようである。が、確定申告はそう難しいものではない。現在は、国税庁が発行している確定申告の手引きを読むだけで、簡単にできる。ネット・ショッピングをするときの手間程度である。

この機会に、ぜひ医療費控除に挑戦してみていただきたい。

サラリーマンは税金を払いすぎている

サラリーマンの場合、自分から「節税しよう」と思わないでも、自然に税金が安くなるケースが多々ある。というより、本来はもっと税金が安いはずなのに、手続きをしていないばかりに税金を払いすぎているのだ。

その最たるものが**「扶養控除」**である。

扶養控除とは、家族などを扶養しているときに、一人あたり38万円の所得控除を受けられるというものである。

つまり扶養家族が一人増えると、課税所得を38万円も減らせるのだ。

この扶養控除、実は誤解がたくさんある。

扶養控除というと、一緒に暮らしている未成年の子供と親しか入れられないと思っている人も多いが、それは間違いである。

扶養控除は「生計を一にしている」6親等以内の血族もしくは3親等以内の姻族を扶養しているときに受けられるのである。だから、甥や姪の子供でも、扶養控除に入れることができるのだ。

そして「生計を一にしている」という言葉の定義も、実は非常に曖昧なのだ。金額的にどの程度養っていればOK、という明確な線引きがない。

たとえば、定年退職して年金暮らしの両親と一緒に暮らしているサラリーマンがいるとする。このサラリーマン、親に毎月5万円ほど入れており、両親の収入は年金だけ。両親の収入は所得控除額以下であり、税務上は無所得ということになっている。

このサラリーマンが、両親を扶養家族に入れることができるかどうか、その明確な判断はできない。月5万円のお金が両親にとって主たる収入であり、また、生活全般の保障をこのサラリーマンがしているということであれば、扶養しているという解釈もできる。

実際、税務署員自身はどうかというと、こういうケースの場合、ほとんど扶養控除を受けている。

また、扶養家族は必ずしも同居している必要はない。

同居していなくても、ある程度経済的な面倒を見ているのであれば、親族を扶養に入れることもできるのだ。そして、金額的にどの程度、送金していればOKかという明確な線引きもない。

税務署員の中には、ほとんど送金はしていないけれど、「いざというときに面倒を見ることになっている」「老人ホームの保証人になっている」というだけで扶養に入れている人もけっこういるのだ。

そして、これも誤解されがちだが、**扶養に入れる人についての年齢制限はない。**子供が成人したり、いったん社会人になったりすれば、もう二度と扶養には入れられないと思っている人も多いようだが、そうではない。

一度就職して、扶養から外れた子供が、その後、会社を辞めてニートになった場合などもあらためて扶養に入れることができる。

子供が30歳であろうと、40歳であろうと（それ以上でも）、家で養っているのならば、扶養に入れることができるのだ。

扶養控除を増やすのは、簡単である。扶養家族異動届というものを会社に出すだけでいい。

ただし、その親族に所得がある場合は、扶養控除に入れることはできない。だから、所得があるかどうかは、事前にきちんとチェックしなければならない。

地震保険は忘れがちなので注意しよう

自然災害大国日本では「地震保険」に加入している人も大勢いる。地震保険に入っていれば、地震保険料控除が受けられるのだ。

これを忘れている人がけっこう多いのである。

地震保険料控除とは、地震、噴火、津波を原因とする火災、損壊のための損害保険に加入している場合に受けられる控除である。

所得控除の限度額は、所得税が5万円、住民税が2万5000円である。大まかに言えば、平均的なサラリーマンの場合、所得税が5000円から1万円、住民税が2500円くらい戻ってくるのだ。

地震保険には、所得控除の対象になるものとならないものがある。だから、それは保険会社に問い合わせてみてほしい。保険会社からの通知にも記載されているはずだが、よくわからなければ聞いてみることである。

生命保険でダブル、トリプル控除の可能性あり

地震保険と同様に税金の払いすぎが多いのが、生命保険関係である。

生命保険をかけている場合も、所得控除が受けられる。これは、ご存知の方も多いはずだ。ただ、あまり知られていないのだが、生命保険にはいくつか種類があり、もし複数の保険に入っている場合は、所得控除をダブル、トリプルで受けられるケースがあるのだ。それを知らずに、所得控除をシングルでしか受けていない人がけっこう多いのである。

具体的に説明したい。

生命保険で所得控除の対象になるのは、通常の保険のほかに、個人年金保険、民間介護保険である。

そして、それぞれ別個に所得控除を受けることができる。

だから、普通の生命保険と、個人年金保険、民間介護保険に入っている人は、所得控除が三つ分受けられるのだ。

平均的な人で、三つの保険に加入していれば、だいたい所得税が1万円から2万円、住民税が5000円から7000円戻ってくる。

個人年金保険とは、毎月の掛け金を将来、年金として受け取れるという保険である。

民間介護保険というのは、要介護などになったときに下りる保険のことだ。

保険のセールスの人に勧められて、複数の保険に入っている人もけっこう多いはずだ。そういう人は、ダブル、トリプルで所得控除が受けられないか、ぜひ保険会社に確認してみるといい。

雑損控除も覚えておこう

税金には、雑損控除という制度がある。

これは、自然災害にあったり、盗難などにあったりしたときに受けられる所得控除のことである。

簡単に言えば、自然災害や盗難などで、所得の10分の1以上か、5万円以上の被害があれば、それを超えた分を所得から控除できるのだ。

この雑損控除の範囲はかなり広い。だから、普通の人でも該当しているケースがけっこうあるのだ。

たとえば、大雨や台風などで、家の一部などが壊れてそれを修繕したような場合である。

それから、盗難にあった場合も対象となる。これは家に泥棒が入ったときだけじゃなく、スリや置き引きなどで、被害を受けた人も同様である。

加えて、雑損控除には他に次のような裏技的なものもある。

■雪下ろしの費用
■シロアリ駆除
■スズメバチ駆除

これらも対象となるのだ。「雪下ろし費用」は、「自然災害の費用」とみなされる。そして、シロアリ、スズメバチなどの害虫も、自然災害とみなされるのだ。クマが出る地域で、クマ対策にお金がかかれば、それも当然、対象となる。

この雑損控除を受ける場合は、盗難などの場合は警察からもらう「被害証明書」、自然災害の場合は、修繕費などの領収書が必要となる。

都道府県によっては、警察の被害証明書を出してくれないところもあるが、その際には受理番号などを教えてくれるので、それを控えておくのだ。

第七章

将来を考えれば税金を払っている場合ではない

年金を使いこなし相続税対策を講じるのは「普通の人」の義務

iDeCoを使いこなして納税額を減らす

現在、日本は深刻な少子高齢化社会を迎えている。このままでは、今まで掛けてきた国民年金や厚生年金だけでは老後は暮らせないということも考えられる。

以前、金融庁が「公的年金だけでは老後資金が2000万円不足する」と発表して物議をかもしたが、政府の無責任さは別として、それは現実的に十分あり得ることなのだ。

そのため我々は、老後に向けてなるべく資産を蓄積しておかなければならない。税金など払っている場合ではないのだ。

というわけで、本章では、税金から逃れながら老後資金を蓄積する方法をご紹介していきたい。

まず、検討していただきたいのは、「確定拠出年金」である。

確定拠出年金（個人型／以下同）は、**「iDeCo（イデコ）」**という名称で金融機関が最近よく宣伝をしているのでご存知の方も多いはずだ。また、会社が企業型確定拠出年金に加入しているというサラリーマンの方もいるだろう。

確定拠出年金というのは、ざっくり言えば、公的年金だけでは年金が足りないと思う人が、自分専用の年金を毎月5000円から積み立てられるという制度だ。

そして確定拠出年金は、他の公的年金と同様に、税制上の優遇措置がある。掛け金は所得から控除され、税金の対象からは外される。つまり、加入すればその掛け金は所得税、住民税が免除されるのだ。

また、サラリーマンや経営者、主婦、フリーターなどほぼあらゆる境遇の人が加入できる。企業型確定拠出年金を導入している会社のサラリーマンでも、自分個人で別建て加入することもできる。

しかも、この確定拠出年金は、政治状況に左右されずに自分独自の年金をつくることが可能なのである。

特に二つ目の理由は、おひとりさまにとって非常に重要だ。公的年金の支給状況は今後ますます悪化していくことが予想される。「自分の掛け金よりも少ない年金しかもらえない」という状況が、当たり前になっていくかもしれないからだ。

そういう公的年金にあって、確定拠出年金だけは「自分の掛け金」と「自分の運用」

だけで年金額が決定する。つまり、自分の努力がほぼ１００％還元される年金なのである。

だから、40代、50代やそれよりも下の世代のサラリーマンの人たちは、将来のことを考えて、まずは確定拠出年金を使いこなすことを考えたい。

公的年金だけでは足りないから加入する

「ｉＤｅＣｏ（確定拠出年金）という言葉はよく聞くけれど、今ひとつよくわからない」という方も多いようだ。

なので、ここで確定拠出年金の概要を説明したい。

これは、企業や個人が、公的年金の不足を補うためにつくられた制度である。

拠出額は毎月５０００円以上からその人の限度額まで、自分で決められる。拠出の限度額は、左の表の通り、その人の加入している公的年金の状況によって決まっている。運用も自分で行うことになる。

同年金は、会社全体で一括して加入することもできるが、もしそうだとしても、さらに上乗せして個人で加入する枠もある。つまり、確定拠出年金というのは、どんな境遇の人もそれなりに自分で年金を増やせる制度といえる。

サラリーマンの場合は、最低でも1万2000円の枠がある。年間にすると

iDeCoの拠出限度額

	月の掛け金の上限額
企業型確定拠出年金に加入していない会社のサラリーマン	2万3000円
企業型確定拠出年金に加入している会社のサラリーマン	2万円
確定企業給付年金に加入している会社のサラリーマン、公務員など	1万2000円
自営業者、その妻、フリーターなど	6万8000円
サラリーマンの配偶者に扶養されている主婦（夫）	2万3000円

14万4000円である。これを15年程度掛け続ければ、老後に毎月1万5000円の年金上乗せは十分に可能だといえる。老後の月1万5000円は大きい。現在の公的年金の支給平均額が15万円程度なので、年金額が10％増しということになる。

この確定拠出年金（個人型）に加入する場合は、銀行や証券会社に行って申し込むことになる。

サラリーマンの方は、自分の会社がどういう年金に加入しているのか、自分には個人型確定拠出年金の枠がいくらあるのかということを経理担当の人に聞いてみよう。

自分で設定して運用するタイプの任意年金

iDeCo（確定拠出年金）の大きな特徴として、「自分で運用する」ということがある。普通の公的年金であれば、掛け金は当局に勝手に運用される。

この年金は、自分の掛け金で何かの金融商品を購入して、その収益が将来の年金となるという仕組みになっている。

自分で運用すると言っても、何から何まで自分でするわけではない。窓口となってい

iDeCoの流れ

自分で掛金を拠出する

自分で設定した掛金額を拠出して積み立てる。
基本的に20歳以上65歳未満
(制度施行日の2022年5月1日時点で60歳未満)の
すべての国民が加入できる。

↓

自分で掛金を運用する

運用商品(定期預金、保険商品、国内外の債権、株式など)
を自分で選び、掛金を運用して老後のための
資産をつくっていく。

↓

年金を受け取る

原則60歳から受け取れる。
通算加入者等期間に応じて開始年齢が定められている。
受取額は掛金の合計や運用実績によって異なる。

- 掛金は毎月5000円から上限額まで1000円単位で設定できる
- 運用商品は配分割合を決めて複数選ぶことができる
- 5年以上20年以下の期間で有期年金として受け取れる
- 75歳になるまでに、一時金として一括で受け取ることができる

※その他、運営管理機関ごとにさまざまな規定がある

る銀行や証券会社などが用意している金融商品を、自分で選ぶという仕組みになっているのだ。

この運用によっては、年金額が増えることもあれば、減ることもある。そういう運用のリスクを取りたくないという人には、元本保証の金融商品も用意されている。ただし、元本保証の商品の場合は、利回りがゼロに近いものになってしまう。

だから、運用によって年金の額を増やしたいというような人は、研究をして利回りのいい商品を選べばいいし、「そういうのは面倒くさい」「損だけはしたくない」という人は元本保証の金融商品を買えばいいわけだ。

掛け金は、限度額の範囲で自分が設定することができる。だから、自分の懐具合に合わせて、「自分年金」をつくることができるのだ。

手数料は高くても非常に有利な「金融商品」だ

老後資金は金融商品を購入するなどで蓄えようと思っている人も多いだろう。それはそれでいいと思うが、その前にまず確定拠出年金の有利さを把握しておきたい。

普通に金融商品を購入する場合は、その原資は自分の手持ちのお金ということになる。ということは、それは所得税、住民税を差し引かれた後のものであり、つまり、もともと所得税、住民税が課せられていたお金だ。平均的なサラリーマンの場合、それらを合わせるとだいたい15％～20％程度である。

だから、金融商品に１００万円投資するためには、所得税、住民税が20万円くらいかかっているので、実際には１２０万円くらいのお金をかけているということになる。

しかし、確定拠出年金の場合は、この所得税、住民税の20万円がかかっていない。その分だけ、こちらの方が「利」があるということなのだ。

この税金分を利回りだと考えれば、確定拠出年金の有利さがわかるはずだ。昨今の低金利では、15～20％の利回りの金融商品などまずない。もしあったとしても相当リスクの高いものだ。

それを含めて考慮すれば、自分で金融投資をするよりは、確定拠出年金に加入した方が断然、割安な投資ができるのだ。

ただ確定拠出年金は、手数料が少し高い。

まず、口座開設手数料が２７７７円（金融機関によってはこれより高い場合もある）。

そして、口座管理手数料が安いところで167円（年2004円）、高いところで642円（年7704円）などとなっている。これらの手数料の大半は、官僚の天下り機関に払われているので、癪《しゃく》に障ることではあるが、それを差し引いても、確定拠出年金はかなり有利な「金融商品」だと言えるのだ。

民間の年金保険はさらなる節税のために

確定拠出年金の他に、民間の年金保険に加入して税金を安くするという方法もある。民間の年金保険というのは、公的年金と同様に毎月年金保険料を払い、一定の年齢になると年金として受け取ることができるという金融商品である。

年金のもらい方としては、「支払い期間は15年間」というように支給期間が定められているものや、死ぬまでもらえるものなどもある。死ぬまでもらえる商品の場合は、平均寿命で計算すると、若干、損をするようになっている。

公的年金と違うところは、国の歳出による補充がないことと、保険料が全額所得控除とはならないという点だ。

しかし、保険料の一部は所得控除になるので、普通に預金したり金融商品を買ったりするよりは、その所得控除分だけ有利になる。控除の額は、別表のとおりである。

個人年金の所得税の控除額

年間保険料	控除額
2万円以下	全額
2万円超〜4万円以下	1万円＋ 年間保険料の50%
4万円超〜8万円以下	2万円＋ 年間保険料の25%
8万円超	4万円

個人年金の住民税の控除額

年間保険料	控除額
1万2000円以下	全額
1万2000円超〜 3万2000円以下	6000円＋ 年間保険料の50%
3万2000円超〜 5万6000円以下	1万4000円＋ 年間保険料の25%
5万6000円超	2万8000円

毎月1万円の年金保険に加入していたとすれば、年間の保険料は12万円である。その場合は、所得税が4万円分、住民税が2万8000円分の所得控除を受けることができる。**平均年収のサラリーマンの場合、月1万円の年金保険に加入したとして、所得税、住民税合わせてだいたい6000円～1万円程度の節税になる。年間保険料12万円で、それだけの節税ができるとなれば、けっこう有利ではないだろうか。**この節税分を利回りと考えると、5%～8%程度ということになるからだ。

ただ、掛け金の全額が所得控除となる確定拠出年金と比べれば、かなり分が悪い。だから、まずは確定拠出年金に上限枠いっぱいまで加入し、余力があれば、民間の年金保険に加入するという方法を採るのが妥当だろう。

普通の人が相続税の改悪に立ち向かうために

「老後のお金の心配」は、自分の老後の生活資金の心配だけをしていればいいというものではない。相続税のこともあるからだ。

相続税というと、「大金持ちに課せられる税金」というイメージがあるが。けっしてそうではない。

相続税法は平成27年（2015年）に大幅に改正され、課税対象者が一気に増えた。それ以前は、最低でも5800万円の遺産をもらわなければ相続税はかからなかったが、改正後は3600万円以上の遺産を受け継ぐと相続税の対象になる可能性が出てきたのだ（基礎控除額＝3000万円＋法定相続人一人当たり600万円を加算）。

3600万円というと、ちょっとした都会に家を持っていれば超えてしまうような額である。だから「普通の人」でも、下手をすると相続税を払わなければならなくなる恐れがある。

大金持ちたちは様々な方法を用いて相続税を逃れている。金持ちであればあるほど、その傾向は強い。彼らにとって相続税の節税こそ人生最大のテーマのひとつだからだ。

そこで国は、意識の低い「普通の人」からよりいっそう多くの相続税を徴収しようと考え、法律を改正してきたのである。

「普通の人」にとって、こんなに不公平でバカバカしいことはない。

庶民の相続税対策の場合、最初に覚えていただきたいのが「贈与税の控除額」を利用するということだ。

日本には、贈与税という税金がある。年間110万円を超える贈与があれば贈与税が課せられるのだ。たとえ親子や親族間であっても、年間110万円を超えて金銭や経済価値のあるものを贈与されれば、贈与税がかかってくる。これは、相続税の取りっぱぐれを防ぐためにつくられた税金である。

資産家は相続税を減らすために、あらかじめ自分の資産を親族に移しておこうとする。生前に自分の資産を誰かに贈与しておくのだ。しかし、それを無条件で許してしまうと、相続税は取れなくなってしまう。そのためにこの制度があるのだ。

しかも、贈与税の税率はけっこう高い。相続税の取りっぱぐれを防ぐためなので、税率は相続税と連動している。別表のように相続税の最高税率は55%だが、贈与税の最高税率も同じなのだ。だから、うかつに親族に金品を贈与することはできないのである。

もちろん、「1円の贈与でも課税する」となると、現実的ではない。そもそも親族の間では、経済的な助け合いをするのはごく当たり前のことだ。一緒に住んで扶養している家族ではなくても、親子や兄弟ならば何らかの経済的な支援をしたりすることは多々ある。だから、年間110万円までの贈与ならば税金は課さないということになっているのだ。

この年間110万円までの控除額は、相続税対策に利用できる。これは普通の人の相続税対策の定番でもある。

資産が何十億、何百億もある資産家にとっては、年間110万円の控除などはあまり意味がない。が、**数千万円から1億円程度の資産であれば、年間110万円の控除枠というのは、けっこう大きな意味を持つ。親族一人に対して、110万円の贈与を10年間続ければ、1100万円もの資産を無税で贈与することができるからだ。**

また、この贈与税の基礎控除は「あげる側」ではなく「もらう側」に適用される。だから、あげる側は控除額以内であれば、何人にあげても贈与税はかからない。親族がたくさんいる場合は、毎年、たくさんの親族に110万円ずつ贈与していけば、10年もすれば数千万円の資産を移すことができるのである。

また、あげる相手は親族じゃなくてもいい。アカの他人であっても、もらった側が年間110万円以内の額に収まっていれば贈与税はかからない。1億円程度の資産ならば数年で相続税の免税点まで引き下げることができるはずだ。

相続税対策はとにかく早く始めること

ところが、この「生前贈与」についても、令和6年（2024年）から改悪されることになっている。亡くなる前の7年間に贈与したものについては、相続財産に含まれることになったのである。**それまでは、死亡前の3年間の贈与が相続財産に含まれるということだった。しかし、いきなり4年もプラスされ、亡くなる前の7年間の贈与は事実上できなくなったのだ。**

だから、重い病気になってから、急に贈与を始めても遅いという可能性が出てくる。かなり以前から、贈与を行っておかなければならないということだ。つまり、相続税の節税策を始めるは、早ければ早いほどいいということが言える。なぜなら、長い時間をかければ、効果的な節税策を施すことができるからだ。

ちょっとした小金持ち、2～3億円までの資産ならば、10年もあればだいたい相続税がかからない程度にまで抑えることができる。しかし、死亡前の7年間は、相続税の対象資産になってしまうので、亡くなる20年前くらいから生前贈与をし始めておかなければ

贈与税の税率

基礎控除後の課税価格	税率	控除額
200万円以下	10%	——
300万円以下	15%	10万円
400万円以下	20%	25万円
600万円以下	30%	65万円
1000万円以下	40%	125万円
1500万円以下	45%	175万円
3000万円以下	50%	250万円
3000万円超	55%	400万円

相続税の税率

基礎控除後の課税取得資産	税率	控除額
1000万円以下	10%	——
3000万円以下	15%	50万円
5000万円以下	20%	200万円
1億円以下	30%	700万円
2億円以下	40%	1700万円
3億円以下	45%	2700万円
6億円以下	50%	4200万円
6億円超	55%	7200万円

ばならない。

もちろん、自分がいつ死ぬかなどはわからないので、「死ぬ20年前から生前贈与を始める」などということができるわけはない。その点から見ても、この「年間１１０万円の贈与税の控除」をできるだけ早く使い始める方法は簡単である。とにかく、親族に対してきちんと贈与するだけでいいのだ。申告等の必要はない。

ただし、必ず「贈与している事実」は必要となる。だから、お金を口座に振り込むなり、現金で渡すなり、どういうかたちでもいいので、必ず実際の「贈与」を行うことだ。「贈与をしたつもり」で、実際のお金はまだ親が持っていたり、親が勝手に子供名義の通帳をつくって入金したりしているだけでは、贈与したとは認められない。あげる側ももらう側も、しっかり贈与が行われたという事実を確認できる状態になっていなければならないのだ。

そして、なにより「早く使い始める」ことが肝要なのである。

エピローグ ～逃税は国民の義務である～

「納税は国民の義務である、逃税術を紹介するなんてもってのほかだ！」

本書を読んで、そういうお怒りの気持ちを抱かれる方もいるかもしれない。

筆者ももちろん、納税が国民の義務であることくらいは知っている。

だが、今の日本では、国の言われるままに黙って税金を納めることは、かえって国のためにならないのだ。


日本社会は、断末魔の状況にある。

少子高齢化は深刻さを増し、この先、どれだけ頑張っても、日本の国力が落ちていくのは抑えられない。この少子高齢化は、序章でも述べたように、失政によるものが大きい。

コロナ禍はようやく収束したが、ウクライナ戦争などの影響でインフレは急激に進んでいるにもかかわらず、政府は有効な手立てを講じない。

我々は、世界の中でもかなり高額の税金、社会保険を払ってきた。しかし、いざというときに政府は何もしてくれないのだ。
それは、この国の行政システムが欠陥だらけだからである。

今、この国に税金を納めることは、あなたのためにもならないし、国のためにもならない。国民が文句も言わずに黙って税金を払ってきたことが、政治家や官僚のレベル低下を招き、国の行く末を暗澹たるものにしたからである。

「どんなに悪政、失政をしても、国民は頑張って納税してくれる」
そのことによって、政治家や官僚たちはまったく反省せず、自分たちの利権ばかりを追うようになった。その行き着いた先が、現代の日本なのである。

我々は、政治家や官僚たちに抗議するためにも、これ以上、おとなしく税金を払い続けてはならない。

税金から逃れることは、あなたのためであり、国のためである――というより、それは今の日本人にとって「国民の義務」でさえあると言える。

税金の仕組みは面倒で、一般の人にはなかなかはとっつきにくい。特にサラリーマンは、会社が税金の計算をしてくれるので、自分の払っている税金のこともよくわかっていないことが多い。それが、「政治家や官僚が税金を好き勝手に扱う」という状況を生む原因にもなっている。

国民はもっと自分たちの税金のことを知らないと、こんな悪政は止められない。そのためには、下世話な興味でもいいから、税金について関心を持ってもらいたい。本書には、そういう趣旨もあるのだ。

最後に編集長の佐野之彦氏をはじめ、本書の制作に関して尽力いただいた方々に、この場をお借りして御礼を申し上げたい。

２０２３年盛夏　大村大次郎

大村大次郎 Ohmura Ohjirou

大阪府出身。国税局で10年間、主に法人税担当調査官として勤務し、退職後、経営コンサルタント、フリーライターとなる。執筆、ラジオ出演、テレビ番組の監修など幅広く活躍中。『ズバリ回答！どんな領収書でも経費で落とす方法』（宝島社）、『知ってはいけない 金持ち 悪の法則』『フツーの人がやるべき最新 相続対策』（悟空出版）など著書多数。また、経済史の研究家でもあり、別のペンネームで30冊を超える著作を発表している。

改訂新版
税金を払わずに生きてゆく逃税術

二〇一八年三月八日 初版 第一刷発行
二〇二一年九月十日 改訂版 第一刷発行
二〇二三年十月六日 改訂新版 第一刷発行

著者 大村大次郎
編集人 佐野之彦
発行人 佐藤俊和
発行所 株式会社悟空出版
〒一六〇-〇〇二二 東京都新宿区新宿二-五-一〇-六階
電話 編集・販売：〇三-五三六九-四〇六三
ホームページ https://www.goku-books.jp
印刷・製本 中央精版印刷株式会社
装幀・デザイン 四方田 努
本文DTP サカナステュディオ

Printed in Japan ISBN 978-4-908117-85-5 C0033